南京农业大学应用经济学（金融学）系列

U0509952

农业保险科学发展背景下天气指数保险的需求及其对农户行为影响的研究

Research on the Demand for Weather Index Insurance and
Its Impact on Farmers' Behavior under the Background of
Scientific Development of Agricultural Insurance

汤颖梅 杨 月 蔡惠芳◎著

经济管理出版社
ECONOMY & MANAGEMENT PUBLISHING HOUSE

图书在版编目（CIP）数据

农业保险科学发展背景下天气指数保险的需求及其对农户行为影响的研究/汤颖梅，杨月，蔡惠芳著．—北京：经济管理出版社，2021.6
ISBN 978 - 7 - 5096 - 8045 - 2

Ⅰ.①农…　Ⅱ.①汤…②杨…③蔡…　Ⅲ.①农业保险—气象服务—影响—农户—经济行为—研究—中国　Ⅳ.①F325.15

中国版本图书馆 CIP 数据核字（2021）第 110802 号

组稿编辑：曹　靖
责任编辑：曹　靖　郭　飞
责任印制：黄章平
责任校对：张晓燕

出版发行：经济管理出版社
　　　　　（北京市海淀区北蜂窝 8 号中雅大厦 A 座 11 层　100038）
网　　址：www. E - mp. com. cn
电　　话：(010) 51915602
印　　刷：唐山玺诚印务有限公司
经　　销：新华书店
开　　本：720mm×1000mm/16
印　　张：12.75
字　　数：215 千字
版　　次：2021 年 7 月第 1 版　　2021 年 7 月第 1 次印刷
书　　号：ISBN 978 - 7 - 5096 - 8045 - 2
定　　价：88.00 元

前　言

　　农业保险作为现代农业风险管理的核心方式之一，在农业现代化发展进程中起着至关重要的作用。从 2007 年中央、地方财政补贴农业保险开始，我国农业保险就实现了快速发展。2019 年，农业保险保费收入 672.48 亿元，承保农作物品种超过 270 类，为 1.91 亿户次农户提供风险保障 3.81 万亿元，向 4918 万户次农户支付赔款 560.2 亿元（银保监会，2020）。农业保险为促进农业发展和农民增收贡献了积极力量。农业保险赔款成为农户灾后重建和恢复生产生活的重要资金来源。目前，我国虽已成为亚洲第一、世界第二的农业保险大国，但农业保险保障水平仍以种子、化肥等直接物化成本为主，保生产成本刚起步。与发达国家相比，保障的总体水平仍然偏低。保险产品供给、保险机构服务与农业现代化和乡村振兴的需求相比，还有相当大的差距。为加快现代农业保险的高质量发展，2019 年，财政部、农业农村部、银保监会、林草局联合印发了《关于加快农业保险高质量发展的指导意见》，鼓励探索开展"农业保险+"，推进农业保险与信贷、担保、期货（权）等金融工具联动，扩大"保险+期货"试点，探索"订单农业+保险+期货（权）"试点。做好"农业+保险"工作，需要不断提高农业保险的广度和深度，更需要做好农业保险的理论研究，让农业保险真正为农业农村现代化和乡村振兴保驾护航。而伴随着产业转型升级、新型农业经营主体逐渐成为主流，当今的农业保险如何科学地发展，农业保险与农村信贷怎样更好地融合，如何在服务乡村振兴、国家粮食安全战略和农业农村现代化方面发挥更为重要的作用是需要理论界与实务界共同关注的话题。

在此背景下，本书以天气指数保险这一创新型的保险产品为研究对象，采用国际主流的田野经济学实验方法，实证分析了农户对天气指数保险的购买与支付意愿以及天气指数保险对农户行为的影响。本书的数据主要来自 2014 ~ 2018 年在黑龙江省、江苏省水稻主产区对农户的调研数据。本书大部分内容均已发表在 SSCI 及 CSSCI 期刊上。

本书共分为八章。第一章农户对天气指数保险的需求及支付意愿。本章采用选择实验的方法，分析了农户的保险需求及支付意愿。第二章异质性农户对天气指数保险的需求差异分析。本章以黑龙江三江平原的农户为样本，采用问卷调查的方法，对新型经营主体与传统小规模农户的保险需求差异进行了分析。第三章自然灾害对农户天气指数保险需求的影响研究。本章以 2013 年黑龙江省的特大洪水灾害为背景，以黑龙江流域的农户为样本，采用准自然实验的方法，对洪水灾区农户的保险需求进行了分析。第四章天气指数保险对农户技术采用行为的影响研究。本章采用田野经济学实验方法，以黑龙江省及江苏省农户为样本分析了农户对创新技术的采用，并分析了两省农户在提高保险后技术采用行为的差异及可能的原因。第五章天气指数保险对农户贷款违约率的影响研究。本章采用田野经济学实验方法，以黑龙江省为样本，分析了联保贷款机制下，天气指数保险对贷款违约率的影响。第六章银保互动对农户技术采用行为影响的研究。本章继续采用田野经济学实验方法，将天气指数保险与信贷产品联结起来，以黑龙江与江苏的农户为样本，探究"银保互动"产品对农户新技术采用行为的影响。第七章关于天气指数保险的国际经验。本章分别介绍了世界上较早试行天气指数保险，并在推行该项目过程中取得较好成就的发达及发展中国家，具体包括加拿大、美国、日本、印度、墨西哥等国家的农业及天气指数保险的特点、天气指数保险存在的问题与取得的经验以及对中国的启示。第八章关于天气指数保险政策的建议。本章从政府和保险公司两个层面提出了促进天气指数保险发展的政策建议。

感谢南京农业大学金融学院的硕士研究生刘朋、刘羽、杨月、佘亚云、周杰、陈建升、蔡惠芳、徐涛、柏宇、徐琦、刘佳倩、闫朝宇、葛岱融、周书琴等在调研、数据整理、书稿校对、翻译等过程中的辛苦工作；感谢俄亥俄州立大学 Mario J. Miranda 教授、陈坚博士、刘湘琳博士在田野经济学实验设计过程中给予的帮助；感谢国家自然科学基金面上项目（71573129）以及南京农业大学金融学院对本书的资助。

　　由于水平有限，本书中难免有不足与疏漏之处，敬请各位专家、读者批评指正！

目　录

第一章　农户对天气指数保险的需求及支付意愿

自然灾害风险是世界各国农业发展面临的共同难题，严重影响农户收入水平和农业现代化发展，如何防范风险、稳定收入已经成为农民最关注的问题。农业保险在预防农业风险、稳定农业生产以及促进农民增收和农村经济发展等方面发挥着重要作用，日益受到理论界与实务界的高度重视，已成为农户风险管理的重要手段，是实现农业现代化的三大支柱之一。但是，政策性农业保险存在的逆向选择、道德风险以及交易成本高等问题严重制约了农业保险市场的可持续发展。因此，中央一号文件多次提出创新农业保险。天气指数保险作为新型农业保险逐步进入农业保险市场，丰富了我国农业保险市场的产品种类，进一步完善了我国农业保险制度。

农户是农业保险市场的主力军，其保险偏好和购买意愿成为天气指数保险发展的根本性问题。鉴于此，探讨农户对天气指数保险的偏好有助于推动天气指数保险可持续发展。本章以水稻高温天气指数保险为研究对象，从产品内在价值角度选择触发温度、触发天数、保险金额以及保险价格4个属性，运用选择实验（Choice Experiment，CE）的方法，以南京市和扬州市189户农户为样本，借助随机参数Logit模型（Random Parameters Logit，RPL）与潜在类别模型（Latent Class Model，LCM），研究农户对高温天气指数保险不同属性的偏好与支付意愿。

研究结果显示，除触发温度属性外，农户对其他保险属性均具有一定的偏好。其中，对保险金额各属性水平具有正偏好，而对保险价格属性和触发天数中的 5 天属性水平具有负偏好；农户受教育程度、务农时间、农业收入比例对其保险需求有显著的正向影响，而种植规模、村干部变量具有负向影响；农户对高温天气指数保险属性的偏好存在异质性，性别、受教育程度、种植规模以及农业收入比例均会显著影响农户对保险属性的偏好；在潜在类别模型中，样本农户被分为"天数敏感型""温度敏感型""保额偏好型"以及"价值偏好型" 4 个潜在类别，不同类别农户对高温天气指数保险不同属性的偏好存在差异；农户愿意为保险金额各属性水平支付较高的额外价格，而对触发温度 35℃ 和触发天数 5 天则不具有显著的溢价支付意愿，此外，不同类别农户对保险不同属性的支付意愿存在显著差异。

本章运用选择实验法研究农户对天气指数保险不同属性的偏好与支付意愿、影响农户选择保险的因素具有重要的理论意义和实践意义。一方面，能够为国内农业保险支付意愿的研究提供新的视角和方法，有助于丰富我国天气指数保险支付意愿方面的文献，为进一步推行天气指数保险提供理论依据；另一方面，有助于优化保险产品，让保险公司设计出更加符合农民偏好的保险产品，有助于提高农户天气指数保险的有效需求，对天气指数保险在全国范围内的推广和发展具有实际指导作用。

第一节　天气指数保险的概念及分类

一、我国农业现状

农业是处于国民经济基础地位的弱质性产业，易受自然灾害的影响。而自然灾害风险具有种类多、范围广、影响程度深、区域性以及季节性强等特点。一旦遭遇自然灾害，农民将面临严重的损失。我国是一个传统的农业大国，农业现代化发展程度偏低，很多地区农业基础设施仍然比较落后，农作物大部分依靠雨水灌溉，更易受到极端天气和自然灾害的影响，这使我国成为世界上自然灾害影响最为严重的国家之一。据国家统计局数据显示，自21世纪以来，我国农作物年均受灾面积和成灾面积分别为37729.6千公顷和19944.7千公顷，成灾率达52.86%，而年均自然灾害直接经济损失更高达3492.06亿元。从长江特大洪灾，到云南干旱，再到南方雪灾，自然灾害造成严重损失的例子不胜枚举。

对于收入水平较低的农户而言，其自身资源有限且抗风险能力较弱，频发的自然灾害会造成农户"多年积福，一灾返贫"的后果。同时，自然灾害风险的存在使农户对农业技术投资保持异常谨慎的态度。他们通常会选择低风险、低回报的生产活动来规避风险，并且减少在高风险、高收益农业技术方面的投资，长此以往，农户将会落入贫困陷阱（Carter和Lybbert，2012；Lybbert和McPeak，2012）。因此，在自然灾害发生频率和强度不断增加的背景下，提高农户应对风险的能力是农业可持续发展的关键。

二、我国农业保险发展历程

为了提高农民抗风险能力、稳定农民收入以及促进农业现代化发展，我国政府不断加强农业扶持力度，大力推进政策性农业保险的发展。2004年中央一号文件首次提出建立政策性农业保险制度，其后每年一号文件都对农业保险进行了引导和规范。原保监会数据显示，2007～2016年，我国农业保险提供的风险保障从1126亿元增长到2.16万亿元，年均增长率为38.83%；农业保险保费收入从51.8亿元增长到417.12亿元，增长了7倍多；承保农作物从2.3亿亩增长到17.21亿亩，增长了7倍多；农业保险赔付额从30亿元增长到299.2亿元，增长了近9倍，我国已成为仅次于美国的全球第二大农业保险市场。目前，我国农业保险已经覆盖全国所有省份，承保作物有211种，覆盖农林牧渔业的各个方面，其中，玉米、水稻、小麦三大主要粮食作物承保覆盖率已经超过70%。

随着农业保险市场的快速发展，政策性农业保险制度的弊端逐步凸显，逆向选择、道德风险以及高交易成本等问题严重制约着农业保险市场的可持续发展。为了解决政策性农业保险存在的问题，我国开始逐步引入以气象指数为理赔基础的天气指数保险。近年来，我国政府高度重视天气指数保险的发展，2014 年 8 月国务院出台的《关于加快发展现代保险服务业的若干意见》提出"探索天气指数保险等新兴产品和服务"；2016 年中央一号文件以及《关于完善支持政策促进农民增收的若干意见》均提出探索开展天气指数保险试点；2018 年 9 月国务院出台的《关于促进小农户和现代农业发展有机衔接的意见》中提出，拓宽小农户农业保险覆盖面，推进天气指数保险、价格保险、收入保险试点，我国农业保险开始逐步向天气指数保险转型。我国最早的天气指数保险试点是 2007 年安信保险公司在上海地区开展的西瓜梅雨强度指数保险。随后相继出现了小麦种植天气指数保险、水稻种植天气指数保险以及水稻暴雨巨灾指数保险等多种产品。截至 2017 年，我国天气指数保险试点产品近 30 种，地区涉及安徽、浙江、江西等 16 个省份。农户需求是天气指数保险发展的关键，虽然我国不少地区都开展了天气指数保险试点，但是在试点地区，农户天气指数保险有效需求不足（吕开宇等，2014；丁少群和罗婷，2017）。出现这一现象的原因是什么？农户对天气指数保险的偏好情况如何？什么因素影响农户的保险需求，如何才能推进天气指数保险在我国的全面发展？对于上述问题的回答有利于我国天气指数保险的全面发展和农业保险制度的完善。

三、天气指数保险的概念及分类

（一）天气指数保险的概念

天气指数保险是一种新的风险转移机制，它选择一个或几个与农作物损失相关程度高且可测量的气象条件（如降水、温度等）作为指数，当气象站观测到的气象指数超过保险合同约定的触发阈值时即达到理赔标准，保险公司将依照保险合同约定赔偿所有参保农户相同的金额（魏华林等，2010；张玉环，2017）。

（二）天气指数保险的分类

目前，国内有多种类型的天气指数保险产品，但这些产品大致可分为两类：一类是单指数保险产品，即以单一气象风险确定气象指数，如湖北仙桃的水稻高温热害天气指数保险，即以高温作为指数；另一类是多指数保险产品，该产品包含多个气象指数，能够对不同的气象风险进行承保，可以降低指数保险存在的基差风险。例如，国元保险公司的水稻种植天气指数保险，既包含降雨指数，也包含积温指数等。

第二节　文献综述

一、天气指数保险优缺点分析

农业保险是农民的风险管理措施之一，能够将其无法控制的自然风险进行分散或转移，可帮助农户应对突如其来的风险冲击，稳定农业生产（黄延信和李伟毅，2013；尹成杰，2015）。目前，我国大部分地区推行的是政策性农业保险。但其保险成本高，需要政府大量财政补贴才能保证其顺利运行，Goodwin（2001）、Stutley（2011）认为，过高的保费补贴比例会加大政府的财政负担，不利于农业保险的长久发展。此外，周延礼（2012）和庹国柱（2012）指出，投保农户和保险公司之间的信息不对称会导致逆向选择和道德风险问题。由于上述问题的存在，关于创新农业保险产品的研究，对于农业及农业保险的可持续发展均具有重要的积极意义。

天气指数保险的赔偿额是依据气象指数来计算，无须实地勘测农户的实际损失，当达到触发条件后，无论投保者是否受灾，保险公司都将根据相应气象站监测到的气象数据向保户赔偿。该指数可以精确测量且难以被保险公司或投保人操纵，因此，天气指数保险可有效解决信息不对称导致的逆向选择和道德风险问题，降低保险公司的交易成本并保证市场的透明度（Barnett 和 Mahul，2007；Skees，2008；Miranda 和 Farrin，2012；陈盛伟，2010）。与传统农业保险相比，天气指数保险分散农业风险的效果更好，并且能够应对巨灾风险，是发展中国家未来农业保险的发展方向（魏华林和吴韧强，2010；庹国柱和朱俊生，2010）。

虽然天气指数保险解决了传统农业保险存在的问题，但其自身也存在一些缺陷。汪丽萍（2016）、Collier 和 Barnett（2009）认为，天气指数保险不可避免地存在基差风险，这是天气指数保险发展面临的最大挑战。基差风险指保险赔偿与农户实际损失不相符，投保人可能遭受损失而未获得赔偿或赔偿不足以弥补损失，也可能获得的赔偿高于实际损失额。储小俊和曹杰（2012）、Barnett 和 Mahul（2007）认为，基差风险主要有两个来源：第一，农作物生长过程中不仅存在天气风险，也存在病虫害等其他风险，天气指数保险所选的气象指数可能不是影响农作物产量的最重要因素；第二，在同一保险区域内，天气情况以及农田地理位置都存在一定程度的差异，实际上每个农户、每个村庄的受灾程度并不完全一致。除基差风险外，陈盛伟（2010）指出，天气指数保险开展需要足够数量且符合标准的气象站，然而我国现有的气象站数量与实际需求之间仍有较大差距。魏华林和吴韧强（2010）认为，天气指数保险中指数的设计需要准确、充分、完备的气象历史数据，对于缺乏历史数据的地区，天气指数保险的精确性将受到影响。

二、天气指数保险有效需求不足研究

目前，众多发展中国家都开始了天气指数保险试点，多数试点项目有来自政府或者国际机构的补贴，个别项目是免费的或者与贷款挂钩（如印度）。但是在试点过程中仍然存在着农户参与率低的问题（张玉环，2017）。Giné（2009）对马拉维、Cole 等（2013）对印度的调研均发现，项目目标人群的参与率只有 20% ~30%，而目标人群之外的农户参与率更低。Seth 等（2009）基于对印度 500 户农户降雨指数保险支付意愿的调查，发现农户平均支付意愿为保险金额的 8.8%。Norton 等（2011）研究埃塞俄比亚农户天气指数保险需求时发现，农户保险参与率为 6% ~36%。程静和陶建平（2011）研究孝感市273 户农户干旱指数保险支付意愿时发现，有 72.5% 的农户没有支付意愿，有支付意愿的农户平均每亩只有 12 元。朱俊生（2011）对安徽水稻旱灾和高温热害指数保险运行进行评估后发现，农户对指数保险的需求仍然比较弱，大部分农户并不了解指数保险。宋博等（2014）测算了农户购买农业气象指数保险的平均支付意愿，发现农户愿意支付的价格远低于理论厘定的保费。

关于农户天气指数保险实际需求较低的原因，国内外学者做了深入的研究。一部分学者将其归因于农户保险认知水平低、对新保险缺乏信任；而其他学者将基差风险作为天气指数保险低需求的根本原因。天气指数保险是一种新型农业保险，大部分农户对该保险缺乏了解，认知水平偏低，这制约了农户对指数保险的有效需求（朱俊生，2011；吕开宇等，2014）。陈盛伟（2010）指出，对于刚进入保险市场的天气指数保险来说，农户需要一个较长的过程来逐步了解保险产品，只有在充分理解产品的原理后才会真正购买指数保险。另外，天气指数保险计算赔偿金额是基于气象指数而不是农户实际损失，对农户来说并不十分直观。他们不知道保险赔偿具体何时触发，因而对保险价值产生怀疑，这将导致农户对保险的信任度有限，很难在短时间完全认同天气指数保险产品（Elabed 等，2013；Sibiko 等，2016；吕开宇等，2014）。虽然天气指数保险在降低信息不对称和交易成本方面具有优势，但它也存在基差风险等问题。基差风险决定了天气指数保险的效率，从根本上决定了农户天气指数保险的购买意愿。若气象指数估测的损失与农户实际损失差异较大，农户更容易对保险产生排斥心理，就更加不愿意购买天气指数保险（Collier 和 Barnett，2009；Miranda 和 Farrin，2012；Jensen 等，2016；汪丽萍，2016）。

三、农户天气指数保险支付意愿影响因素研究

国内外学者针对影响农户天气指数保险支付意愿的因素做了大量深入的研究。研究发现，农户年龄、受教育程度、家庭财富与生产特征、风险态度与感知、保险认知、风险管理策略以及地区气候差异等因素都会影响其对天气指数保险的支付意愿。Ali（2013）、Abugri 等（2017）、程静和陶建平（2011）研究发现，农户年龄、受教育程度、家庭收入、种植作物类型及规模对其保险支付意愿有显著影响，受教育程度及家庭收入高的农户天气指数保险支付意愿相对较高。宋博等（2014）运用 CVM 方法研究柑橘种植户气象指数保险支付意愿后发现，气象站距离、柑橘收入占比以及农业保险认知对农户保险支付意愿

具有显著影响。Cole 等（2013）研究印度农户保险需求时发现，个人财富决定了农户的保险支付能力，富裕家庭保险需求高，而贫穷家庭或受信贷约束的家庭天气指数保险需求低。Clarke 和 Kalani（2011）研究埃塞俄比亚农户指数保险需求时发现，农户保险支付意愿与财富的关系并不是线性的，具有中等财富的农户保险支付意愿与需求均是最高的。

Carter 等（2007）研究发现，农户风险态度会影响其保险支付意愿，风险厌恶型为了最小化农业风险而愿意支付较高的保费。但是 Hill 等（2013）对埃塞俄比亚农户的调查发现，风险厌恶与保险支付意愿负相关。Akter 等（2016）研究孟加拉国农户天气指数保险偏好时也得出类似的结论。Hill 等（2013）、Castellani 和 Viganò（2017）发现农户风险感知与指数保险支付意愿正相关；当农户感知风险增加时，其保险支付意愿将增加；当风险得到有效控制时，农户支付意愿下降。Giné 等（2008）、Akter 等（2009）研究发现，农户购买天气指数保险依赖于其对保险的理解，理解程度高的农户愿意支付更高的价格。

农民家庭往往使用不同的风险管理手段来保护自己免受风险冲击，而天气指数保险是家庭风险管理方式的一个组成部分，被视为对现有风险管理机制的补充（Awel 等，2015）。Akter 等（2009）和 Binswanger - Mkhize（2012）研究农户天气指数保险支付意愿时发现，农户现有的风险管理手段会影响其天气指数保险支付意愿。如果农户有其他成本更低、效果更好的风险管理手段可以选择，那么其对于天气指数保险的支付意愿必然降低。孙香玉等（2016）研究传统农业保险与天气指数保险之间关系时发现，天气指数保险和传统农业保险之间既存在替代关系，也存在互补关系。

McCarthy（2003）分析了摩洛哥农户天气指数保险的支付意愿，研究发现保险支付意愿具有地区差异且与当地气候风险程度正相关，农户面临的风险越高，其保险支付意愿越高。Bogale（2015）、Hazell 和 Hess（2010）也得出相似的结论。Hill 和 Robles（2011）、Hill 等（2013）研究了影响支付意愿的客观因素，他们发现土壤质量较差地区的农民指数保险支付意愿相对较高；基差风险是天气指数保险固有的缺陷，基差风险越高，农户保险支付意愿越低。由于天气指数保险通常只能保障一种灾害风险，基差风险相对较大，为农户提供复合指数保险产品可降低基差风险并提高农户的支付意愿（Elabed 等，2013）。Tadesse 等（2015）、Akter 等（2016）提出，发展中国家农户普遍面临着信贷约束，将天气指数保险与农业信贷互联，为农户提供低成本的保险和信贷服务。两者互动可提高天气指数保险价值，一方面能够提高农户信贷可获性，另一方面也可提高农户天气指数保险的支付意愿。

四、选择实验在农业保险研究中的应用

选择实验可以同时进行多属性、多水平评价，能够将抽象的保险需求具体化，有助于了解农户特定的偏好，可更加准确地评估农户的支付意愿。因此，许多学者将选择实验运用于农业保险研究中。

农业保险作为一种产品，可由多种属性组合而成，现有运用选择实验研究农户作物保险属性偏好的主要选择免赔额、保险类型、保额及保费水平等属性。Liesivaara 和 Myyrä（2014）对欧盟北部农户调查时发现，在保险类型中农户偏好指数保险，其对指数保险的支付意愿高于传统作物保险，并且对保额属性的支付意愿最高，对免赔额属性的支付意愿为负。Liesivaara 和 Myyrä（2017）对芬兰农户的研究也得出相似的结论。Ye 和 wang（2016）对湖南农户的研究发现，农户偏好高保额低保费的保险，对政府补贴属性的支付意愿最高，另外，受教育程度、收入以及作物产量会显著影响农户对保险属性的偏好。

在农户天气指数保险属性偏好研究中，Castellani 等（2014）在选择实验中设置了保险期间、干旱频率、保险提供者类型、保额以及保费属性。研究结果表明，保费、保额以及干旱频率对农户保险选择均具有负向影响，而保险期间则具有正向影响。Castellani 和 Vigano（2015）在选择实验中设置了干旱等级、保费、保额、送货上门以及延期支付等属性，研究发现保费、赔偿以及送货上门显著影响农户的保险选择，在中度干旱时保费对农户保险选择具有负向影响，而保额具有正向影响；但是当严重干旱时，保费和赔偿属性对农户保险选择的影响与中度干旱相反。Sibiko 等（2016）在选择实验中设置了风险水

平、保费费率、农田到气象站距离、透明度以及投保农户规模属性，研究发现保费费率、透明度以及投保农户规模属性显著影响农户的选择，农户对透明度属性的平均支付意愿最高。

综上所述，天气指数保险越来越受到国内外学者的关注，国内外学者对天气指数保险优缺点、需求不足以及支付意愿影响因素分别有深入的分析和探讨。国内外学者通常采用条件价值法来研究农户天气指数保险支付意愿，虽然国外有部分学者利用选择实验来研究农户天气指数保险偏好，但是均以国外农户为调查对象，缺乏针对中国农户的相关研究。由于农户的地区差异将影响其需求与支付意愿，国外学者使用选择实验研究农户天气指数保险偏好得出的结论与我国国情是否相符，还有待观察。因此，本章采用选择实验法实证分析我国农户对天气指数保险的支付意愿。

第三节　选择实验设计

一、选择实验法概述

选择实验最早应用于非市场环境资源的价值评估，后来国内外学者逐步将选择实验应用于消费者行为的研究中。选择实验的理论基础是随机效用理论和Lancaster消费者需求理论。这两个理论认为任何产品都是由多种属性组合而成的，消费者从产品中获得的效用并非直接来源于产品本身，而是由构成该产品的属性以及属性水平决定的。选择实验是一种陈述偏好法，即假想性的实验方法，其构建假想的市场环境，向受访者提供不同属性水平组合而成的产品选择集，并让其在每个选择集中选择自身最偏好的产品以实现效用最大化。而后可使用计量模型对受访者的选择实验数据进行回归分析，得出其对产品不同属性的偏好并在此基础上评估产品属性的价值。一个完整的选择实验通常包含多个选择情境，受访者需要在多个选择情境中做出多次选择。选择实验具体的设计步骤如表1-1所示。

表1-1　选择实验的设计步骤

步骤	具体方法
选择属性	通过查阅文献、相关人群访谈以及咨询行业专家等方法来确定研究对象的属性
设定选项	确定研究对象属性的选择范围,将属性划分为不同的等级
组合选项	将研究对象的属性层次进行随机组合,构建不同的属性层次组合选择项
实验问卷设计	使用正交程序降低选择项个数,得到选择实验的选择集,与受访者社会经济特征调查问卷组合在一起,得到最终选择实验调查问卷
实地调查	由于选择实验问卷比较复杂,一般采用面对面调查的方式,以提高选择实验的有效性
模型估计	基于获取的选择实验数据,使用离散选择模型对数据进行分析,得到受访者的偏好情况以及研究对象不同属性的价值

条件价值评估(CVM)和选择实验(CE)是两种常用的研究消费者支付意愿的方法。与条件价值法相比,选择实验的优点有:第一,多属性、多选项和多选择情境的实验设计使选择实验拥有更高的信息负荷,可收集到更多的消费者偏好信息,并且能够同时对多个产品属性的价值进行评估,有助于提高消费者偏好评估的准确性(全世文,2016;全世文等,2017);第二,选择实验并不是直接测度受访者的偏好,而是让受访者在选择集中对比产品属性进而做出选择,这更加接近消费者在真实市场中的购买行为,可降低条件价值法存在的假想偏差问题,具有更高的外部效度(尹世久等,2015;全世文,2016;俞振宁等,2018)。

二、选择实验的设计

(一)实验对象选择

水稻是原产于热带和亚热带的喜温作物,在每个生长阶段都需要适宜的温度,一旦出现极端高温天气就会对水稻的生长发育和产量造成严重危害。水稻是江苏省主要的粮食作物之一,在生长期内易受高温、洪涝及病虫害等灾害的影响。在全球气候变暖的背景下,高温热害呈现强度增大、频率增多的趋势,对水稻生长的危害也逐渐加剧。同时，夏季 7 月和 8 月经常出现持续的高温天气，而此时江苏省大部分地区水稻正处于高温敏感期，即孕穗和抽穗扬花期。夏季高温与水稻高温敏感期经常相遇，高温热害风险较大。因此，高温热害成为影响江苏省水稻生长的主要气象灾害之一。以 2013 年夏季为例，江苏省许多地区都出现了约 45 天的持续高温天气，给水稻生长发育带来严重的威胁。鉴于此，本章选择水稻高温天气指数保险作为具体的实验对象，高温天气指数保险的保险期间为 7～8 月，即以水稻孕穗—抽穗—扬花期作为高温热害监测期。

（二）高温天气指数保险属性及属性水平设置

选择实验提供给受访者的选择集中通常包含两个虚拟产品选项和一个不选择任何产品选项。虚拟产品是由多种属性组成的，属性水平的差异及不同的排列组合决定了选择集中产品的差异。受访者在选择集中选择产品可以视作对产品属性组合中不同属性水平的选择，通过对不同属性水平进行权衡取舍来实现效用最大化。因此，选择实验法的首要任务是确定研究对象的属性以及属性水平，该部分是选择实验设计的核心，决定了选择实验的效率（全世文，2016；潘丹，2016）。

（1）属性以及属性水平的选择原则。

研究对象属性的选择应符合以下两个原则：第一，选取的属性应具有全面性、代表性和可衡量性。全面性是指所选属性指标能够全面综合地反映研究对象；代表性是指所选取的属性指标可从不同层面反映研究对象；可衡量性是指所选属性指标可量化，具有较强的现实操作性和可比性。第二，选取的属性指标应通俗易懂，易于受访者识别和理解，方便其准确做出选择决策（石春娜等，2016）。属性过多会增加选择实验的信息负荷，对认知能力有限的受访者来说，其认知压力更高，在选择过程中非理性程度也更高；而属性过少会存在模拟情境失真或遗漏变量问题。因此，属性过多或过少都会导致选择实验结果产生偏差（全世文等，2017）。已有选择实验研究大多选择 3～6 个关键属性来进行实验设计，评价属性是否"关键"的标准在于其政策含义和对受访者的重要性权重（Blamey 等，2002；全世文，2016）。

研究对象属性水平的选择需要符合以下三个原则：第一，属性水平等级划分应具有可识别性，方便受访者正确做出选择。第二，属性水平应尽量采用数值表示，以便数据分析时各属性指标具有可比性。第三，属性最优水平的设定应与实际情况相符（石春娜等，2016）。

（2）选择实验中属性及属性水平的具体设置。

为了识别高温天气指数保险产品所涉及的关键属性，在总结已有研究成果的基础上对保险公司的行业专家进行深入访谈，初步确定了选择实验中高温天气指数保险的相关属性及属性水平。随后在专家访谈的基础上设计选择实验问卷并对农户进行预调研，基于预调研结果并咨询相关专家后，最终将触发温度、触发天数、保险金额以及保险价格作为高温天气指数保险产品的属性变量。上述 4 个属性是高温天气指数保险内在价值的主要组成部分，代表产品能满足消费者需求的能力。

1）触发温度：触发温度为保险赔偿触发的临界温度，即达到该温度保险就需要理赔。陈雅子等（2016）、郭际等（2019）指出，35℃是划分高温热害的临界温度，是水稻花期的致害温度，因而可作为水稻抽穗开花期的高温热害指标。杨太明等（2015）、崔海蓉等（2017）设计抽穗期水稻高温天气指数保险时以日最高温度35℃作为温度触发标准。国元农业保险公司（国内较早试行天气指数保险的公司）推出的水稻种植天气指数保险以35℃作为触发温度。基于此，本章将高温天气指数保险触发温度的属性水平设定为35℃和36℃。

2）触发天数：触发天数是达到保险理赔标准的最低天数，表示保险期内日最高温度连续高于触发温度的天数。任义方等（2018）指出，在水稻孕穗—抽穗扬花期，高温热害对水稻的危害程度由强度和持续时间共同决定，因此，设置高温天气指数保险触发水平时需要考虑触发天数。郭标等（2019）设计江苏高温热害保险气象指数时将连续 3～4 天日最高温度≥35℃作为轻度高温热害；连续 5～7 天为中度高温热害；而连续 8 天以上则为重度高温热害。杨太明等（2015）设计安徽省水稻高温热害保险气象指数时以连续 3 天日最高温度超过 35℃为一个高温过程。在国元农业保险公司水稻种植天气指数保险条款中，保险期内连续 5 天累计高温差（日最高温度与35℃相比）超过8℃

就需进行赔偿。鉴于此，本实验将高温天气指数保险触发天数的属性水平设置为 4 天和 5 天，以体现不同程度的高温热害给农户造成损失的差异。

3）保险赔偿的计算：以触发温度 35℃、触发天数 5 天的水稻高温天气指数保险为例，保险期内若连续 5 天日最高温度超过 35℃（含）时，保险就需要进行理赔。以日最高温度与 35℃ 之间的差额计算累计高温差，每高 1℃ 赔偿 20 元，赔偿最高金额为每亩保险金额。若投保农民所在地区的气象站监测到连续 5 天的最高温度为 37℃、36℃、36℃、35℃ 和 38℃，均超过 35℃ 就触发了高温天气指数保险赔偿的阈值，投保农民将获得 [（37 + 36 + 36 + 35 + 38）− 35 × 5] × 20 = 140 元的保险赔偿。

高温天气指数保险的触发温度和触发天数共同构成了保险的触发水平，触发水平的高低决定了基差风险的大小。与触发温度 35℃、触发天数 4 天的高温天气指数保险相比，其他保险的触发水平相对较高，因此基差风险更高。其中触发温度 36℃、触发天数 5 天的高温天气指数保险，保险赔偿触发的难度最大，基差风险也最大。因此，农户对高温天气指数保险触发温度和触发天数属性的偏好程度可直观反映基差风险对农户保险选择的影响。

4）保险金额的计算：保险金额为投保农户受灾时高温天气指数保险每亩的最高赔偿额。保险金额越高，保险提供的风险保障程度也越高。国元农业保险公司推行的水稻种植天气指数保险每亩保险金额为 300 元，而《江苏省政策性农业保险水稻种植保险条款》中每亩保险金额有 400 元、550 元和 700 元。基于此，本实验将保险金额的属性水平设置为 400 元、500 元和 600 元。

5）保险价格：保险价格为农户实际购买高温天气指数保险时每亩所需支付的金额。它由触发温度、触发天数以及保险金额共同决定，是上述 3 种属性的结果变量。《江苏省政策性农业保险水稻种植保险条款》中每亩保费在 15 ~ 30 元。基于此，本实验将保险价格的属性水平设置为 20 元、30 元和 35 元。高温天气指数保险各属性及属性水平的具体设定情况如表 1 – 2 所示。

（三）选择实验选择集的确定

基于本章对高温天气指数保险属性及属性水平的设定，按照全要素组合设计法，总计可以得到 36(2 × 2 × 3 × 3) 个虚拟的天气指数保险产品。如果将所有的天气指数保险产品两两进行组合能够得到 $C_{36}^2 = 630$ 种产品组合。让认知能力有限的农户对所有产品组合中的选择项进行比较后做出选择显然是不现实的。并且，过多的选择将提高受访农户的认知负担，导致农户保险选择时非理性程度更高，会出现敷衍了事、不耐心作答的现象，从而影响选择实验的有效性。因此，本章采用部分因子设计法，应用 SPSS 25.0 软件的正交程序来降低选择项个数，并使选择项之间的搭配达到最优，最终得到 9 个不同的选择集。在每一个选择集中，两个产品选项之间相互独立，不会出现受访农户未做选择已有答案出现的情况。

表 1 – 2 高温天气指数保险产品属性及属性水平

属性	属性水平
触发温度（℃）	35；36
触发天数（天）	4；5
保险金额（元/亩）	400；500；600
保险价格（元/亩）	20；30；35

通常情况下，每个选择集中还应包含一个除虚拟产品以外"都不选择"选项。全世文（2016）指出，在选择集中提供一个"都不选择"选项可使受访者的决策与真实市场中的决策更加接近。如果省略"都不选择"选项将会限制受访者做出有效选择，可能无法准确观测受访者的真实偏好，进而影响选择实验的有效性。因为在非假设性的条件下，如果产品对受访者没有吸引力，受访者会推迟或拒绝做出选择。因此，本实验将"都不选择"选项纳入选择实验的选择集中。每个选择集由选择项 A、B 两个产品组合以及"都不选择"选项 C 构成。选择实验的选择集示例如表 1 – 3 所示。

（四）选择实验的步骤

整个实验共分为三步：第一步主要介绍高温天气指数保险并检验农民的理解情况；第二步是实验的核心部分，即选择实验，让受访农户在选择集中选择自身最偏好的保险产品，以此来观测农户高温天气指数保险的选择行为；第三步是调查问卷。

表 1-3 选择实验的选择集示例

产品属性	选择项 A	选择项 B	选择项 C
触发温度	36℃	35℃	
触发天数	5 天	4 天	选择项 A 和选择项 B
保险金额	500 元/亩	400 元/亩	都不符合我的选择
保险价格	30 元/亩	30 元/亩	
您的选择（√）	（ ）	（ ）	（ ）

　　问卷包括三方面的内容：第一，关于农户社会经济特征的问题，目的是获取农户个人特征和家庭特征信息，包括年龄、受教育程度、家庭年收入、种植规模等；第二，收集农户对气象信息的关注情况以及农业保险参保情况；第三，主要调查农户风险认知、是否遭受自然灾害、损失情况以及现有的风险防范措施。

　　在实际调查过程中，为确保农户能够耐心认真地做出选择，本实验将 9 个选择集随机分组，产生 3 个不同版本的选择实验调查问卷，每个版本的问卷中均包含 3 个不同的选择集。在 3 个版本的调查问卷中，除选择集不同外，其他内容完全相同。调查时每位受访者农户随机抽取一份选择实验问卷，一个选择集做一次选择，总共需要进行 3 次选择。

三、实验组织与调查

（一）实验地点选择

　　本实验选择江苏省农户作为调查对象。选取该地区作为调查区域的原因是：第一，江苏省是我国 13 个粮食主产区之一。国家统计局数据显示，2017 年江苏省农作物总播种面积为 7556.4 千公顷，占全国的 4.5%，排名前十，是我国的农业大省之一，其农业发展情况对我国农业整体发展情况有重要影响。第二，江苏省农业生产中面临着自然灾害、病虫害等多重风险，其中，自然灾害较为严重，给农业生产造成了严重的损失。第三，江苏省是国家首批开始政策性农业保险试点的地区之一，农业保险发展以及农业保险改革创新均走在全国前列。因此，研究江苏省农户对天气指数保险的偏好更加具有代表性，本实验随机抽取南京市和扬州市作为样本地区。

（二）具体调查过程

本次调查共分为三个阶段：第一阶段为前期走访调查阶段（2018 年 6 月）。本实验课题组赴江苏省南京市和扬州市进行专家走访。首先对两个市县的农业保险公司、气象局等相关工作人员进行深度访谈，了解农业保险产品的价格、保障水平、赔偿金额等属性的现实情况；然后使用随机抽样的方法在两市分别选择 15 户农户进行焦点小组访谈，了解当地天气状况、农业保险参保情况、自然灾害及损失情况以及农户天气指数保险认知和需求情况，为选择实验和调查问卷的设计提供依据。

第二阶段为预调研阶段（2018 年 7 月）。为了保证选择实验问卷的有效性，在正式调研之前，课题组对南京市农户进行了预调研。采用简单随机抽样的方法，在南京市溧水县调查了 30 户农户。选择的农户年龄、受教育程度及种植规模等社会经济特征存在显著差别，从而保证样本具有代表性，有助于科学有效地完善选择实验问卷。在预调查过程中向受访农户解释了此次调研的目的，在农户填写问卷的过程中及时解答他们对问卷内容的疑惑，保证预调研的质量。同时，在调查结束后对受访农户进行了个人访谈，了解其对高温天气指数保险属性及水平的看法并征求农户对选择实验问卷的建议。课题组在此基础上对选择实验问卷进行了修改和完善，形成了最终的问卷。

第三阶段为选择实验问卷正式调查阶段（2018 年 7 月）。课题组在南京市和扬州市分别选出 4 个村庄，从村委会获得该村村民名单，在每个村庄随机选择 25 户农户参加调查，选择结束后询问村干部所选择的样本中是否有将土地出租、自己外出打工的农户，如果有则将其从样本中删除，然后再进行随机抽样以补充删除的样本量。由于农户认知能力有限且选择实验问卷较为复杂，为了提高调研质量，本次调查采取入户面对面的调查方式。

正式调查时的实验步骤如下：第一步，调查员向受访农户解释此次调查的目的，并对实验问卷调查的整个流程、实验过程中以及调查问卷填写时需要注意的问题进行了详细讲解。第二步，由于样本地区未试行高温天气指数保险，调查员向农户详细介绍高温天气指数保险的运行机理以及赔偿机制。介绍结束后，调查员对农户保险理解程度进行检验，问题回答正确方可参加选择实验。第三步，调查员向农户解释实验选择集中保险属性及选项的含义。随后，农户开始在选择集中选择高温天气指数保险，调查员对农民保险选择过程中遇到的问题耐心解答，协助其理解实验内容。第四步，在农户完成选择实验后，调查员依据选择实验问卷对受访农户的一些基本情况进行调查，要求其按照自身的真实情况进行回答。

选择实验问卷调查大概需要 30 分钟，在问卷调查结束时支付给农户 20 元的报酬并感谢他们的配合，借此提高农户参与调查的积极性，有助于提高选择实验的外部效度。正式调查时共发放问卷 200 份，收回问卷 200 份。剔除重要信息缺失的无效问卷，共获得有效问卷 189 份，问卷有效率为 94.5%。3 个不同版本有效问卷的数量大致相等，分别为 59 份、56 份和 74 份。

四、选择实验外部效度

与条件价值法相比，选择实验可以更加准确地评估受访者对产品不同属性的偏好与支付意愿。但是选择实验与条件价值法一样都属于假想性实验方法，评估受访者偏好的市场环境并不是真实存在的，受访者对选择实验中估价产品的认知程度可能不够；同时缺乏足够的激励使其按照自身真实偏好回答。因此，选择实验以外的一些社会经济学因素可能影响农户的保险选择，农户所表达的支付意愿与其真实支付意愿存在一定差距。假想性市场与真实市场之间的差异是选择实验偏差产生的根源。选择实验通常有以下几种可能的效应或偏差：

（一）排序效应

选择实验通常包含多个选择情境，受访者需要在多个选择情境中连续做出多次选择。排序效应指受访者在选择情境中的偏好会受到选择情境排列次序的影响（全世文，2016）。为了消除选择实验中排序效用的影响，参照全世文等（2017）的相关研究，本实验采用随机排序的方法，将正交后的 9 个选择集进行随机排序。

（二）策略性偏差

策略性偏差指受访者不信任调查员而故意夸大或不真实表达自身支付意愿

的行为所产生的偏差。为了降低策略性偏差，本实验做了如下解释：第一，在选择实验开始前，调查人员向受访农户说明本次调研的目的，保证实验调查结果仅用于学术研究且不会泄露个人任何信息；第二，调查人员向农户解释选择集中的高温天气指数保险选择只是一种意愿调查，在调查结束后不需要他们按实验中所选择的保险进行支付。

（三）调查者偏差

调查者偏差指选择实验实际调查中由于调查者之间的差异而导致实验结果产生偏差。出现此偏差可能有三个原因：第一，调查小组中每个调查者的知识、经验存在差异；第二，不同调查者可能采取不同的调查步骤和专业术语；第三，在实际调查过程中，调查者可能与受访者进行主观交流。

为了降低选择实验中的调查者偏差，实验中做了如下工作：第一，问卷调查小组成员均由南京农业大学金融学院的研究生组成。在正式调研前对他们进行了关于选择实验的培训并制定了一个统一的调研文本，所有调查小组成员都按照此文本规定的步骤及条款解释对受访农户进行调查和概念解释。第二，正式调查前开展预调研，帮助调查者熟悉调查步骤。第三，调查过程中不允许调查者与受访农户进行主观交流，调查者向农户传递信息时尽量使用客观中性的语言，并且概念的解释统一，不能有相关暗示，更不能引导农户按照研究人员的期望做出选择。

第四节　实证分析

一、数据描述性统计分析

（一）样本农户基本信息统计

选择实验问卷第三部分调查了受访农户的个人及家庭基本情况的信息，具体统计结果如表1-4所示。

表 1-4　样本农户基本信息统计情况　　　　单位：人，%

统计特征	分类指标	样本数	百分比
性别	男	112	59.26
	女	77	40.74
年龄	30 岁及以下	16	8.47
	31~60 岁	113	59.79
	61 岁及以上	60	31.74
受教育水平	小学及以下	93	49.21
	初中	50	26.45
	高中	27	14.29
	本科及以上	19	10.05
务农时间	10 年及以下	64	33.86
	11~30 年	56	29.63
	31 年及以上	69	36.51
农业收入占家庭收入的比例	10% 及以下	79	41.80
	10.1%~50%	78	41.27
	50% 以上	32	16.93
种植规模	10 亩及以下	140	74.07
	11~100 亩	21	11.11
	101 亩及以上	28	14.82
家庭年收入	5 万元及以下	61	32.28
	5.1 万~10 万元	65	34.39
	10.1 万~15 万元	26	13.76
	15.1 万~20 万元	20	10.58
	20.1 万元及以上	17	8.99

　　从表 1-4 的统计数据中可以看出，参与此次实验的农户以男性为主，占样本农户数的 59.26%。受访农户年龄在 31~60 岁的农户最多，占总人数的比例达到 59.79%，而 30 岁及以下的农户只占 8.47%，说明年青一代从事农业生产的人越来越少。在受教育水平方面，有 75.66% 的农户受教育水平为初中及以下，教育水平为本科及以上的农户只占总样本的 10.05%。说明农民受教育程度普遍较低，这可能与农户的年龄结构有关，年龄较大的农户一般都没有

机会接受良好的教育。在务农时间方面，受访农户务农时间分布比较均匀，务农时间 10 年及以下、11～30 年以及 31 年以上都接近总样本的 1/3。从农业收入占家庭总收入的比例来看，有 41.80% 的农户农业收入占比在 10% 及以下，与占比在 10.1%～50% 的农户基本相近，也就是说，超过 80% 的农户农业收入占家庭总收入的比例不足 50%。这说明农业收入并不是农户家庭收入的主要来源。有 74.07% 的农户家庭种植规模在 10 亩及以下，而家庭种植规模在 101 亩及以上的农户只占总样本的 14.82%，说明样本农户中小规模农户居多。样本农户中家庭年收入在 10 万元及以下的农户占总人数的一半以上，并且家庭收入在 10.1 万～15 万元、15.1 万～20 万元以及 20 万元及以上三个层次的农户较为接近。

（二）农户天气指数保险认知情况分析

表 1-5 显示，在样本农户中，有 61.90% 的农户不了解天气指数保险，仅有 3.18% 的农户比较了解天气指数保险，而非常了解的农户为 0。说明农户对天气指数保险的认知程度并不高。造成这一现象的原因主要有两方面：第一，我国天气指数保险仍处在试点阶段，尚未大范围推广，农户接触到天气指数保险的机会较少；第二，我国农户受教育程度普遍偏低，认知能力有限，即使接触到天气指数保险也不能完全理解天气指数保险合同的价值。

表 1-5 农户对天气指数保险的认知情况 单位:%

认知程度	人数	比例
没听说过	66	34.92
听说过，但不了解	51	26.98
有一点了解	66	34.92
比较了解	6	3.18
非常了解	0	0.00
总计	189	100.00

（三）选择集中农户高温天气指数保险需求情况

表 1-6 为选择实验数据中农户保险需求情况。受访农户需要从每个选择集中选择一个保险方案，共需做出 3 次选择，所有样本农户总共做了 567 次选

择。由表 1-6 可知，大部分农户都愿意购买高温天气指数保险，占样本数的 92.42%；而不愿意选择的只占 7.58%。由此可见，虽然高温天气指数保险对农户来说比较陌生，但是农户对保险存在较大的潜在需求。

表 1-6　选择实验中农户高温天气指数保险需求情况　单位：户，%

	样本数	比例
选择高温天气指数保险	524	92.42
不选择高温天气指数保险	43	7.58

二、农户对高温天气指数保险不同属性偏好的研究

（一）模型选择与构建

随机效用理论认为产品可由多种属性组合而成，属性取值不同则形成不同的产品。本实验的研究对象高温天气指数保险可视为由触发温度、触发天数、保险金额、保险价格属性及其相对应的属性水平随机组合而成。基于随机效用理论，产品效用并非来自产品本身，而是由组成产品的属性及属性水平决定。农户在预算约束下将依据自身偏好对不同属性及水平组合的高温天气指数保险进行理性选择，最大限度地提升效用水平，最终实现以最小的成本获得最大的效用。假设农民 i 从选择集 C 中的 J 个高温天气指数保险属性组合中选择第 m 个高温天气指数保险属性组合所获得效用为 U_{im}，可表示为：

$$U_{im} = V_{im} + \varepsilon_{im} \tag{1-1}$$

其中，V_{im} 是确定性部分，代表可观测的效用部分；ε_{im} 是随机误差项，表示不可观测因素对农户保险选择的影响。

根据效用最大化理论，只有当 $U_{im} > U_{in}$ 对 $\forall m \neq n$ 成立时，农户 i 才会在选择集 C 中选择第 m 个高温天气指数保险属性组合，选择概率如下：

$$P_{im} = Prob\ (V_{im} - V_{in} > \varepsilon_{in} - \varepsilon_{im};\ \forall m \neq n) \tag{1-2}$$

其中，对随机误差项 ε_{im} 分布的不同假设可形成不同的离散选择模型。如果随机误差项 ε_{im} 服从极值分布，则可使用多元 Logit 模型进行数据分析。但是

该模型假设样本农户是同质的，即不同农户的保险偏好是相同的，这显然与现实情况不相符。而随机参数模型 Logit 允许农户偏好存在异质性，即不同农户可以有不同的保险偏好，这可有效解决多元 Logit 模型存在的问题。因此，本章选择随机参数 Logit 模型进行数据分析。假设随机误差项 ε_{im} 服从随机分布，农户 i 选择第 m 个高温天气指数保险属性组合的概率可表示为：

$$P_{im} = \int \frac{\exp(V_{im})}{\sum_j \exp(V_{im})} f(\beta_i) d\beta_i \qquad (1-3)$$

其中，$f(\beta)$ 是系数 β 的概率密度函数。在随机参数 Logit 模型中，确定性部分 V_{im} 的线性表达式通常有如下两种：

$$V_{im} = ASC_i + \beta_p P_{im} + \sum_{k=1}^{K} \beta_{mk} x_{mk} + \sum_{k=1}^{K} \lambda_{ik} x_{mk} \qquad (1-4)$$

$$V_{im} = ASC_i + \beta_p P_{im} + \sum_{k=1}^{K} \beta_{mk} x_{mk} + \sum_{k=1}^{K} \lambda_{ik} x_{mk} + \sum_{h=1}^{H} \alpha_{ih}(s_{ih} \times ASC) \qquad (1-5)$$

式（1-4）为基础模型，其中，ASC 是替代常数项，用来解释不可观测因素对农户保险选择的影响。β_{mk} 是第 m 个高温天气指数保险属性组合中的第 k（k=1，2，3）个保险属性变量 x_{mk} 的系数。λ_{ik} 表示农户 i 关于 x_{mk} 的个体系数与农户总体系数 β_{mk} 的差异，代表农户个体选择某种高温天气指数保险属性组合所获得边际效用与总体农户所获得的边际效用的偏差程度。如果 λ_{ik} 显著则表明农户对高温天气指数保险属性组合的偏好具有异质性。由于受访农户社会经济特征不同，他们对高温天气指数保险的需求不同，选择"都不选择"选项的行为存在差异。为了反映这种差异，本章将样本农户社会经济特征变量与替代常数项（ASC）的交互项加入模型，一起更好地解释受访农户的选择行为。因此，式（1-5）为交叉项模型。其中，s_{ih} 是第 i 个农户的第 h 个社会经济特征变量，α_{ih} 是农户社会经济特征变量与 ASC 交互项的系数。若 α_{ih} 为负，表明农户社会经济特征对其选择高温天气指数保险具有正向影响。

（二）变量选择

（1）因变量。

本章模型的因变量是农户选择实验中的保险选择行为。某选项被选中时赋值为 1，未被选中则赋值为 0。若农户在集中选择"都不选择"选项时，替代常数项 ASC 取值为 1，若农户选择高温天气指数保险时取值为 0。

（2）自变量。

1）核心自变量。模型中的核心自变量为高温天气指数保险各属性，在触发温度、触发天数以及保险金额属性的各属性水平中，高温天气指数保险具有某种属性水平时取值为 1，不具有该属性水平时则取值为 0，而价格属性则取具体的数值。

2）农户社会经济特征变量。本章借鉴宋博等（2014）、孙香玉等（2016）、Akter 等（2016）及 Abugri 等（2017）的相关研究，将农户天气指数保险需求影响因素归纳为农户个体特征、家庭特征以及认知特征三大类。其中，农户个人特征变量包含性别、年龄、受教育程度、务农时间及是否为村干部；家庭特征变量包括家庭总收入、农业收入比例、种植规模、农作物损失比例及是否购买过农业保险；认知特征变量包含农业风险认知与天气指数保险认知。模型中各变量的含义、赋值及描述性统计分析结果如表 1-7 所示。

表 1-7　变量的含义、赋值及描述性统计

变量分类	变量	变量定义及赋值	平均值	标准差
因变量	农户保险选择（Choice）	选择 =1；不选择 =0	0.333	0.472
	替代常数项（ASC）	选择"都不选择"选项 =1；否则为 0	0.333	0.472
高温天气指数保险属性	触发温度（Tem）			
	35℃（Tem1）	是 =1；否 =0	0.195	0.396
	36℃（Tem2）	是 =1；否 =0	0.472	0.499
	触发天数（Day）			
	4 天（Day1）	是 =1；否 =0	0.221	0.415
	5 天（Day2）	是 =1；否 =0	0.446	0.497
	保险金额（Coverage）			
	400 元（Coverage1）	是 =1；否 =0	0.215	0.411
	500 元（Coverage2）	是 =1；否 =0	0.305	0.461
	600 元（Coverage3）	是 =1；否 =0	0.157	0.344
	保险价格（Price）	Price1 = 20；Price2 = 30；Price3 = 35	20.338	14.990

续表

变量分类	变量	变量定义及赋值	平均值	标准差
农户社会经济特征	性别（Gender）	男 = 1；女 = 0	0.593	0.491
	年龄（Age）	受访农户的实际年龄（岁）	53.508	13.644
	受教育程度（Edu）	受访农户实际受教育年限（年）	6.963	4.463
	务农时间（Fmy）	受访农户从事农业生产的实际年数（年）	24.937	17.771
	是否为村干部（Cadre）	是 = 1；否 = 0	0.206	0.405
	家庭总收入（Inc）	受访者家庭去年总收入（元）	10.484	7.940
	农业收入比例（Prop）	农业收入占家庭总收入的比例（%）	0.280	0.292
	种植规模（Land）	小规模（10 亩及以下）= 1；中等规模（11 ~ 100 亩）= 2；大规模（101 亩及以上）= 3	1.407	0.734
	农作物损失比例（Loss）	受访者实际损失比例（%）	0.344	0.179
	是否购买过农业保险（Exp）	是 = 1；否 = 0	0.624	0.484
	农业风险认知（Know）	没有或很小 = 1；不太大 = 2；一般 = 3；比较大 = 4；非常大 = 5	3.009	1.214
	天气指数保险认知（Cogn）	没听说过 = 1；听说过，但不了解 = 2；有一点了解 = 3；比较了解 = 4；非常了解 = 5	2.063	0.907

（三）随机参数 Logit 模型估计结果分析

本章使用随机参数 Logit 模型对 189 份样本农户数据共 1701（189 × 3 × 3）组观测值进行估计。在模型中，将高温天气指数保险价格属性变量和替代常数项（ASC）设定为固定参数变量；将触发温度、触发天数以及保险金额属性变量设置为随机参数变量。并且假定随机参数变量的系数服从正态分布，采用 Halton 算法将样本数据抽取 500 次进行回归分析。随机参数 Logit 模型的估计结果如表 1 - 8 所示。

由表 1 - 8 可知，交叉项模型的对数似然值为 - 430.317，大于基础模型的对数似然值，说明交叉项模型的拟合程度更高。因此，本章将基于交互项模型

表 1 - 8　随机参数 Logit 模型估计结果

变量	基础模型		交叉项模型	
	系数	标准误	系数	标准误
ASC	− 4.566 ***	0.770	− 5.661 **	2.834
Tem1	0.525	0.862	0.490	0.719
Day2	− 1.270 ***	0.316	− 1.124 ***	0.290
Coverage2	0.688 **	0.312	0.869 ***	0.296
Coverage3	1.206 **	0.490	1.417 ***	0.461
Price	− 0.077 ***	0.026	− 0.090 ***	0.025
ASC × Gender	—	—	− 0.021	0.507
ASC × Age	—	—	0.024	0.038
ASC × Edu	—	—	− 0.185 **	0.094
ASC × Fmy	—	—	− 0.053 **	0.023
ASC × Cadre	—	—	1.389 ***	0.524
ASC × Loss	—	—	1.348	1.322
ASC × Exp	—	—	− 0.226	0.530
ASC × Know	—	—	0.117	0.286
ASC × Prop	—	—	− 2.795 *	1.529
ASC × Inc	—	—	0.0001	0.040
ASC × Cogn	—	—	− 0.187	0.304
ASC × Land	—	—	1.552 **	0.635
标准差系数				
Tem1	9.525 ***	2.529	7.858 ***	2.117
Day2	− 1.652 ***	0.395	− 1.284 ***	0.407
Coverage2	− 0.674 **	0.619	− 0.292 *	0.975
Coverage3	− 1.621 **	0.656	− 1.147 *	0.611
Log likelihood	− 446.373		− 430.317	
LR chi2 (4)	108.78		93.12	
Prob > chi2	0.000		0.000	
Number	1701		1701	

注: * 、 ** 和 *** 分别表示在 10% 、 5% 和 1% 的统计水平上显著。

的估计结果进行分析，并利用交叉项模型的估计结果来测算农户对高温天气指数保险不同属性的支付意愿。

（1）ASC 的影响。

ASC 的估计系数显著且为负数，说明农户选择高温天气指数保险的可能性更大。农户现有的风险管理手段有非正规风险管理措施和政策性农业保险，它们均存在一定的弊端，分散高温热害风险的效果并不理想，而高温天气指数保险能够克服非正规风险管理手段和政策性农业保险的弊端。因此，农户更倾向于选择高温天气指数保险。

（2）高温天气指数保险属性变量的影响。

从保险属性变量的估计系数来看，除触发温度属性外，其他高温天气指数保险属性变量均显著。说明农户对触发天数、保险金额以及保险价格属性具有显著偏好，这三种属性会显著影响农户的保险选择。通过计算可知触发温度、触发天数以及保险金额三个属性的相对重要性依次为保险金额（53.43%）、触发天数（32.43%）、触发温度（14.14%）。因此，除价格属性外，农户最看重保险金额属性。在上述三个属性中，农户对保险金额属性的熟悉程度明显高于其他两个属性，因而其更加关注保险金额属性。另外，保险金额属性的相对重要性高于触发温度和触发天数属性之和，这表明基差风险对农户的保险选择存在影响，但并不是最主要的影响因素。

具体而言，触发天数 5 天的估计系数为负，说明农户对该属性水平具有负偏好，即触发天数越多的高温天气指数保险越难被农户选中。与 Akter 等（2016）的研究结论类似，农户更加偏好触发水平相对较低的高温天气指数保险。触发天数在一定程度上决定了高温天气指数保险的基差风险，触发天数越长的指数保险存在的基差风险越大，因此，农户更偏好低触发天数的高温天气指数保险。保险金额各属性水平的估计系数为正，说明农户对保额属性水平具有正偏好，并且农户对保险金额 600 元的偏好超过对保险金额 500 元的偏好，更加倾向于选择高保额的高温天气指数保险。保险金额决定了农业保险的保障程度，保险金额越高的保险越能够给予农户更高的保障水平，农户受灾时亦能够获得更高的保险赔偿，因而对农户更具吸引力。保险价格属性的估计系数为负，说明农户对该属性具有负偏好，更加偏好低价格的高温天气指数保险，这与现实生活中一般商品的价格规律相吻合。这与宋博等（2014）、Liesivaara 和 Myyrä（2014）的研究结论一致。他们的研究发现，在所有不熟悉的保险属性中，农户最看重保险价格属性，对价格具有高度的敏感性，高价格的天气指数保险对农户不具有吸引力。

与预期相反，触发温度 35℃ 的估计系数不显著。说明农户对该属性水平不具有显著偏好，即触发温度属性对农户保险选择没有显著影响。可能的原因是：在水稻孕穗—抽穗—扬花期经常出现 35℃ 以上的高温天气，农户认为 35℃ 和 36℃ 两个触发温度都比较容易触发，其对触发温度两个属性水平的偏好程度也较为接近。

从保险各属性水平的标准差系数来看，触发温度 35℃、触发天数 5 天、保险金额 500 元以及 600 元属性水平变量均在统计水平上显著，表明农民对这 4 种属性水平的偏好存在异质性，即对触发温度、触发天数以及保险金额属性的偏好存在异质性。触发温度 35℃ 属性水平在参数估计时不显著而在标准差系数估计时显著，说明农户触发温度属性的偏好存在异质性，但就农户总体而言，该属性对农户的保险选择不具有显著影响。

（3）ASC 与农户社会经济特征交互项的影响。

ASC 与农户社会经济特征交互项的回归结果可反映不同农户在选择"都不选择"上的差异，也间接说明农户对高温天气指数保险的需求情况。从交叉项的回归结果来看，ASC 与农户受教育程度交互项的估计系数为负。说明在面对相同的高温天气指数保险属性组合时，受教育程度高的农户更倾向于选择高温天气指数保险。这与 Cole 等（2012）的研究结论一致。他的研究发现，受教育程度高的农户能更好地理解农业保险的作用及重要性，易形成农业保险意识，其保险需求相对较高。ASC 与农户务农时间交互项的估计系数为负，表明在面对相同的高温天气指数保险属性组合时，务农时间越长的农户越可能选择高温天气指数保险。农户农业生产经验随务农时间的增加而逐步提高，农户风险意识也会提高，更倾向于购买农业保险来分散农业生产风险。ASC 与农业收入比例交互项的估计系数为负，说明在面对相同的高温天气指数保险属性组合时，农业收入比例高的农户选择高温天气指数保险的可能性越高。与宋博等（2014）的研究结论相同，农业收入比例越高，说明农业收入是家庭收入的主要来源，农户家庭对农业的依赖性较高，一旦发生严重的自然灾害，农作物歉收会大幅度降低家庭收入。为了稳定家庭收入且保障下一年的农业生产，农业收入比例高的农户更加倾向于购买高温天气指数保险。

ASC 与是否为村干部交互项的估计系数为正，说明在面对相同的高温天气指数保险属性组合时，是村干部的农户选择高温天气指数保险的可能性较小。在一般情况下，村干部是村里新技术以及农业保险的带头示范人，其对天气指数保险的需求应该更高。而本章研究结论相反的原因可能是由于村干部是村里能力较强的人，其对高温天气指数保险及基差风险的认知程度更高，对基差风险的担忧降低其保险购买意愿。ASC 与种植规模交互项的估计系数为正，说明在面对相同的高温天气指数保险属性组合时，种植规模较大的农户选择高温天气指数保险的可能性较小。与 Sibiko 等（2016）的研究结论一致，种植规模较大的农户一般都有购买传统农业保险的经历，其对传统农业保险的认知程度高于高温天气指数保险，相比之下，农民更愿意选择自己较为熟悉的传统农业保险。

ASC 与农户年龄的交互项不显著，可能的原因是，年龄较大的农户一般具有丰富的务农经验，其应对自然风险、稳定农业收入的能力也越强，可能自认为有能力和经验应对自然风险，这在一定程度上制约了其对高温天气指数保险的选择。ASC 与农户大气指数保险认知的交互项不显著，这可能与调查样本的选取有关，样本农户在保险认知方面的差异度较小。有一半以上的农户完全不了解天气指数保险。农户在保险认知上趋于同质，对高温天气指数保险的选择也比较类似，天气指数保险认知普遍偏低的样本特征使得这一变量的影响难以体现。ASC 与农业保险购买经验的交互项不显著。可能的原因是投保农户在受灾之后没有及时获得保险赔偿或者对赔偿金额不满意，导致他们对农业保险失去信任，从而抑制农户对高温天气指数保险的需求。ASC 与农作物损失比例和农业风险认知的交互项不显著。可能的原因是，样本农户中小规模农户居多，农业收入在家庭收入中占的比例较小，对农业的依赖性较差，即使农业风险高或农作物损失严重，小规模农户也没有动力购买高温天气指数保险。ASC 与家庭年收入的交互项不显著，可能的原因有两个方面：第一，高收入的农户家庭收入多来自非农收入，农业收入在其家庭收入中所占的比例微乎其微，对降低农业风险、稳定农业收入的高温天气指数保险并不感兴趣；第二，高收入家庭有多种风险分散方式，在一定程度上降低了农户对高温天气指数保险的需求。

三、农户对高温天气指数保险不同属性偏好的异质性

表 1-9 中交叉项模型的回归结果验证了农户对高温天气指数保险触发温度、触发天数以及保险金额属性的偏好存在异质性，但是这并不能解释受访农户偏好异质性的来源。农户偏好异质性不仅体现在不同农户对同一保险属性的偏好程度存在差异，而且也体现在不同农户群体对同一组保险属性的偏好结构存在差异。接下来，本章将从个体偏好差异和群体偏好差异的角度分析农户偏好的异质性。

（一）不同社会经济特征的农户对高温天气指数保险不同属性的偏好

随机效用模型反映了消费者从不同产品中获得的效用差异，若在 RPL 模型中加入消费者社会经济特征与替代常数项的交互项，只能说明单一产品给其带来的效用绝对值，同时消费者个体特征不随选择集产品选项的变动而变动，因而，模型估计时个体特征对消费者效用的影响效果通常被直接忽略，在模型中引入消费者社会经济特征与产品属性水平的交互项是常用的方法（全世文等，2017）。因此，本章在随机参数 Logit 模型中引入触发温度、触发天数及保险金额等属性水平与农户性别、受教育程度、种植规模以及农业收入比例的交互项，用来测度农户社会经济特征对其选择属性水平的影响，从农户个体偏好差异的角度来解释农户偏好的异质性。加入农户社会经济特征与保险各属性水平交互项的回归结果如表 1-9 所示。

由表 1-9 交互项的回归结果可知，农户社会经济特征显著影响其对保险属性水平的偏好，导致不同特征的农户对高温天气指数保险属性的偏好存在差异。这说明社会经济特征可在一定程度上解释农户对保险属性偏好的异质性。

表1－9 高温天气指数保险各属性水平与农户社会经济特征交互项的回归结果

分类	属性	估计系数	标准误
价格	Price	－0.090***	0.027
	ASC	－5.006***	0.806
触发水平	Tem1	3.117	2.152
	Day2	－1.665**	0.736
保险金额	Coverage2	1.759**	0.990
	Coverage3	3.117***	0.314
交叉项	Tem1 × Gender	－1.248	1.751
	Tem1 × Edu	0.463*	0.260
	Tem1 × Prob	11.873**	4.956
	Tem1 × Land	－5.908***	2.183
	Day2 × Gender	－0.061	0.509
	Day2 × Edu	－0.165**	0.067
	Day2 × Prob	0.636	1.137
	Day2 × Land	－0.531	0.549
	Coverage2 × Gender	0.603	0.434
	Coverage2 × Edu	－0.119**	0.057
	Coverage2 × Prob	－0.779	0.867
	Coverage2 × Land	－0.340	0.513
	Coverage3 × Gender	0.296	0.597
	Coverage3 × Edu	－0.075	0.083
	Coverage3 × Prob	－0.060	1.334
	Coverage3 × Land	－1.008*	0.552
保险各属性水平的标准差	Tem1	8.735***	2.297
	Day2	－1.406***	0.408
	Coverage2	－0.436**	0.709
	Coverage3	－1.581**	0.685
Log likelihood		－462.232	
LR chi2（4）		102.800	
Prob > chi2		0.000	
Number		1701	

注：*、**和***分别表示在10%、5%和1%的统计水平上显著。

具体而言,受教育程度与触发温度35℃的交互效应为正向,而与触发天数5天的交互效应为负向,说明受教育程度高的农户更加偏好低触发水平的高温天气指数保险。触发水平决定了天气指数保险的基差风险,触发水平越高,基差风险也越大,农户可能受灾而未获得保险赔偿。受教育程度越高的农户能够更加准确地理解高温天气指数保险,对保险固有的基差风险也有更深刻的认知,他们担忧基差风险而选择低触发水平的高温天气指数保险。另外,受教育程度与保险金额的交互系数均为负值,其中,与保险金额500元的交互项在5%的统计水平上显著且系数为负,说明受教育程度低的农户更加偏好高保额的高温天气指数保险。可能的原因是,受教育程度低的农户对高温天气指数保险的理解程度偏低,认为保险金额越高的保险保障水平越高;而受教育水平高的农户更加偏好触发水平属性,对保险金额属性的关注程度不如受教育程度低的农户。

农业收入比例与触发温度35℃的交互项在5%的统计水平上显著且系数为正值,说明农业收入比例高的农户选择低触发温度的高温天气指数保险的可能性更大。农业收入比例越高说明家庭收入结构越单一,自然灾害可能会给家庭带来严重的损失。低触发温度的高温天气指数保险的基差风险相对较小,保障水平更高,在农户受灾时即可给予赔偿,因而农业收入比例高的农户更愿意选择该类保险产品。

触发温度35℃、保险金额500元、保险金额600元与种植规模的交互项系数均为负。说明种植规模小的农户选择低触发温度或高保额的高温天气指数保险的可能性更大,这可能与种植规模大的农户不愿意购买高温天气指数保险有关。

(二)不同类别农户对高温天气指数不同属性的偏好

1. 潜在类别模型构建

如果式(1-3)中f(β)是离散的,则式(1-3)可进一步转化为潜在类别模型。潜在类别模型是通过间断的潜在类别变量来解释外显指标间的关联,使外显指标间的关联通过潜在类别变量来估计,进而维持其局部独立性的统计方法。潜在类别模型可用于测定农户群体偏好的差异,因此,本章使用潜在类别模型进一步分析不同类别农户对高温天气指数保险不同属性的偏好，进而从群体偏好差异的角度来解释农户偏好的异质性。潜在类别模型依据农户对高温天气指数保险不同属性及水平偏好的差异性将样本农户进行分类：偏好相同或者相似的农户落在同一个类别，即同一类别农户对同一保险属性及水平具有相同的偏好，而不同类别农户之间的偏好则存在差异性。

假设样本农户被分为 S 个潜在类别，农户 i 落入第 s 个潜在类别并选择第 m 个高温天气指数保险属性组合的概率为 P_{im}，可表示为：

$$P_{im} = \sum_{s=1}^{s} \frac{\exp(\beta_s x_{im})}{\sum_j \exp(\beta_s x_{ij})} R_{is} \qquad (1-6)$$

其中，β_s 是第 s 个类别农户群体的变量系数，x_{im} 是第 m 个高温天气指数保险属性组合中的属性变量，R_{is} 是农户 i 落入第 s 个潜在类别的概率，此概率可表示为：

$$R_{is} = \frac{\exp(\gamma_s Z_i)}{\sum_r \exp(\gamma_r Z_i)} \qquad (1-7)$$

其中，Z_i 是影响农户 i 落入某一潜在类别的一系列特征系数，γ_s 是第 s 个潜在类别中农户群体的估计系数，r 为第 r 个潜在类别且满足 s∈r。

2. 潜在类别模型的估计结果

潜在类别模型分析的首要任务是确定样本分类数量。因此，本章分别将样本农户分成 2、3、4、5 和 6 类。Swait（1994）提出赤池信息量准则（AIC）和贝叶斯信息量准则（BIC）是潜在类别模型分类的主要依据。将表 1-10 中各类别 AIC 与 BIC 值进行比较后发现，AIC 检验值先随分类数的增加逐渐减小而后又逐渐增加，在分类数为 4 时最小；BIC 检验值随分类数的增加逐渐增加，前三个类别增加趋势较为平缓。基于此，当类别数为 4 时，AIC 与 BIC 值相对优于其他几个类别，表明此时模型的适配效果最好。因此，本章最终选择 4 作为潜在类别模型的类别数，即将农户分为 4 个潜在类别。最终潜在类别模型的回归结果见表 1-11。

从表 1-11 潜在类别模型的估计结果来看，不同类别农户对同一保险属性及水平具有不同的偏好。表明不同类别农户对高温天气指数保险不同属性的偏好存在显著差异，进一步解释了农户偏好的异质性。样本农户4个潜在类别所占比例分别为42.1%、7.8%、20.5%和29.6%。

表1-10 潜在类别模型适配指标结果

类别	参数数目（P）	对数似然值（LL）	AIC	ρ^2	AIC3	BIC
2	13	-391.029	808.057	2.033	821.057	850.199
3	20	-378.754	797.490	2.053	817.508	862.325
4	27	-361.007	776.013	2.075	803.013	863.540
5	34	-355.176	778.353	2.096	812.353	888.572
6	41	-370.917	823.834	2.111	864.834	956.746

注：$\rho^2 = (1 - AIC/2LL)$；$AIC3 = (-2LL + 3 \times P)$。

表1-11 潜在类别模型的参数估计结果

变量	Class1（天数敏感型）	Class2（温度敏感型）	Class3（保额偏好型）	Class4（价值偏好型）
Price	-3.132 (8.162)	-0.025 (0.066)	-0.317 * (0.164)	3.835 *** (0.042)
Tem1	7.398 (122.427)	1.837 *** (0.892)	-1.705 (2.261)	16.624 *** (0.880)
Day2	-19.916 ** (163.244)	0.003 (0.997)	-1.450 (1.497)	-1.546 ** (0.663)
Coverage2	3.664 (122.437)	0.263 (0.962)	3.422 (2.210)	19.892 *** (0.997)
Coverage3	-3.315 (204.055)	0.373 (0.023)	8.882 ** (3.715)	19.263 *** (1.387)
ASC	—	0.101 (2.451)	-10.536 ** (4.830)	—
分层概率	0.421	0.078	0.205	0.296

注：*、**和***分别表示在10%、5%和1%的统计水平上显著。

在第一类别农户（42.1%）中，触发天数为5天的估计系数最小且在5%

的统计水平上显著。表明该类别农户对高温天气指数保险触发天数属性较为敏感，此类别农户可称为"天数敏感型"农户。对于该类农户而言，他们对触发天数为5天具有显著的负偏好，更加倾向于选择低触发天数的高温天气指数保险。除触发天数属性外，其他3种属性变量的估计系数均不显著，表明"天数敏感型"农户对这3种属性不具有显著偏好。但是与其他三个类别农户相比，"天数敏感型"农户对价格属性的敏感度最高，表明其价格承受能力最低。

在第二类别农户（7.8%）中，触发温度35℃的估计系数在5%的统计水平上显著且最高，表明此类别农户对高温天气指数保险触发温度属性较为敏感，此类别农户可称为"温度敏感型"农户。对于该类农户来说，他们对触发温度35℃具有显著的正偏好，降低高温天气指数保险触发温度可提高该类别农户选择保险的可能性。除触发温度属性外，其他3种属性变量的估计系数均不显著，说明"温度敏感型"农户对这3种属性不具有显著偏好。

在第三类别农户（20.5%）中，保险金额两个属性水平的估计系数相对较大，表明该类别农户对保险金额属性的偏好程度较高，因而此类别农户可称为"保额偏好型"农户。他们对保险价格属性具有显著的负偏好，更加倾向于选择低价格的高温天气指数保险。但是他们对保险触发水平属性不具有显著偏好，基差风险并不会显著影响该类农户的保险选择。

在第四类别农户（29.6%）中，高温天气指数保险所有属性变量的估计系数均显著。表明该类别农户对保险各属性均具有一定的偏好，价格、触发温度、触发天数以及保险金额4种保险属性都会显著影响农户的保险选择。与其他三个类别农户相反，该类别农户对保险价格属性具有正偏好，更加偏好高价格的高温天气指数保险。对该类别农户来说，高温天气指数保险各属性的估计系数相对较大，表明价格、触发温度、触发天数以及保险金额属性对农户效用值的影响均较大，他们选择保险时会注重每一个属性，而这4种属性是高温保险内在价值的构成要素，因而此类别农户可称为"价值偏好型"农户。

四、农户对高温天气指数保险不同属性的支付意愿分析

在其他属性保持不变的情况下，选择实验可以评价某属性相对基准水平的

边际支付意愿，用于表示农民为获得属性水平的改进而额外支付的金额，即属性的隐含价格。边际支付意愿值有正有负，正的边际支付意愿表明农户为了获得保险属性水平改进而额外多支付的金额；负的边际支付意愿则表示农户为了获得保险属性水平的改进而少支付的金额。计算公式如下：

$$WTP_k = -\frac{\beta_k}{\beta_p} \qquad\qquad (1-8)$$

其中，β_k 表示高温天气指数保险各属性水平的估计系数，β_p 为高温天气指数保险价格属性的估计系数。

本章依据随机参数 Logit 模型（交叉项模型）和潜在类别模型的估计系数，利用式（1-8）计算农户总体与不同类别农户对高温天气指数保险不同属性的支付意愿，具体支付意愿结果如表 1-12 所示。

表 1-12　RPL 与 LCM 模型测算的农户对高温天气指数保险不同属性的支付意愿

单位：元/亩

属性	RPL 模型	LCM 模型			
		Class1 （天数敏感型）	Class2 （温度敏感型）	Class3 （保额偏好型）	Class4 （价值偏好型）
Tem1	5.469	2.234	73.480	-5.413	-4.335
Day2	-12.545	-6.013	0.120	-4.574	0.403
Coverage2	9.694	1.100	10.520	10.795	-5.187
Coverage3	15.809	-1.058	14.920	28.019	-5.023

由表 1-12 可知，在随机参数 Logit 模型（RPL）中，农户对高温天气指数保险各属性以及属性水平均具有一定的支付意愿。其中，农户对保额 600 元的支付意愿最高，愿意支付的价格为 15.809 元/亩；其次是对保额 500 元和触发温度 35℃的支付意愿，愿意支付的价格分别为 9.694 元/亩和 5.469 元/亩；而对触发天数 5 天的支付意愿最低，仅为 -12.545 元/亩。农户对保险金额两个属性水平的支付意愿为正值，说明与保险金额 400 元相比，农户愿意为保额 500 元多支付 9.694 元/亩，为保额 600 元多支付 15.809 元/亩。然而对于触发

天数 5 天属性水平来说，随着触发天数的增加，农户支付意愿将下降 12.545 元/亩。虽然农户对触发温度 35℃ 的支付意愿为正值，但是该属性水平的估计系数不显著，说明农户对此属性水平不具有积极的溢价支付意愿。进一步将农户对各属性的支付意愿进行对比后发现，农户对高温天气指数保险保额属性的支付意愿最高，这与农户对保险金额属性最看重有关。

在潜在类别模型（LCM）中，测算不同类别农户对高温天气指数保险各属性的支付意愿可直观反映不同类别农户的偏好差异。由表 1 - 12 的 LCM 模型测算支付意愿结果可知，不同类别农户对高温天气指数保险各属性以及属性水平的支付意愿存在明显差别。"天数敏感型"农户对触发天数 5 天的支付意愿最低，与此类别农户对触发天数属性较为敏感有关，这也与总体农户的支付意愿情况（RPL 模型测算的支付意愿）相一致。在前三个类别农户中，"天数敏感型"农户整体的支付意愿偏低，这与该类别农户对价格属性的敏感度最高有关。另外，"天数敏感型"农户对保险金额 500 元的支付意愿为正，而对保险金额 600 元的支付意愿为负，这可能与该类别农户对保险金额属性的偏好存在异质性有关。

"温度敏感型"农户对保险各属性水平均具有正支付意愿，由于对样本农户进行分类，导致该类别农户对触发温度属性的偏好更加突出，他们对触发温度 35℃ 的支付意愿达到了 73.48 元/亩，远远高于总体农户 6.818 元/亩的支付意愿。

与总体农户相反，"温度敏感型"农户对触发天数 5 天的支付意愿为正，可能的原因是触发温度和触发天数属性存在替代关系。虽然"温度敏感型"农户对各属性水平均具有正支付意愿，但是除了触发温度 35℃ 属性水平外，该类别农户对其他属性水平均没有溢价支付意愿。

与"天数敏感型"和"高温敏感型"农户相比，"保额偏好型"农户对保险金额两个属性水平的支付意愿最高，分别为 10.795 元/亩和 28.019 元/亩，高于总体农户的支付意愿。另外，"保额偏好型"农户对触发温度 35℃ 的支付意愿为负，可能的原因是触发天数与保险金额属性之间存在替代关系。与总体农户的支付意愿情况相反，"价值偏好型"农户对触发天数 5 天的支付意愿为正，而对其他属性水平的支付意愿为负，这与该类别农户偏好高价格的高温天气指数保险有关。与前三个类别农户相比，"价值偏好型"农户对保险各属性水平的支付意愿较为接近，这也说明农户在购买高温天气指数保险时更加理性，并不会盲目追求某一属性。

第五节　主要结论

本章以水稻高温天气指数保险为研究对象，运用选择实验方法，从产品内在价值角度设置了触发温度、触发天数、保险金额和保险价格 4 个属性，基于江苏省南京市和扬州市 189 户农户的调查数据，借助随机参数 Logit 模型与潜在类别模型研究农户对高温天气指数保险不同属性的偏好与支付意愿。通过上述分析，本章得出以下结论：

第一，选择实验问卷调查显示，由于天气指数保险是一种新型农业保险，有一半以上的农户对天气指数保险感到陌生，甚至从未听说过，只有不到 5%的农户比较了解，农户对天气指数保险的认知程度偏低。

第二，在组成高温天气指数保险的属性中，除触发温度属性外，农户对触发天数、保险金额以及保险价格属性具有显著偏好。具体来说，农户对保险价格属性和触发天数 5 天属性水平具有负偏好，对保险金额两个属性水平具有正偏好，而农户对触发温度 35℃属性水平没有显著的偏好。在农户高温天气指数保险需求影响因素中，农户受教育程度、务农时间、农业收入比例对农户保险需求具有正向影响，而种植规模和是否为村干部具有负向影响。

第三，农户对高温天气指数保险属性的偏好存在异质性，性别、受教育程度、种植规模以及农业收入比例显著影响农户对保险属性的偏好。具体来说，受教育程度高、农业收入比例高、种植规模小的农户偏好低触发温度的高温天气指数保险，受教育程度高的农户偏好低触发天数的高温天气指数保险，受教育程度低、种植规模小的农户偏好高保额的高温天气指数保险。同时，本章根据农户对高温天气指数保险不同属性偏好的相似度，通过潜在类别模型将样本农户分为"天数敏感型""温度敏感型""保额偏好型"以及"价值偏好型"4个类别，不同类别农户对高温天气指数保险不同属性的偏好存在显著差别。

第四，在组成高温天气指数保险的各属性及属性水平中，农户在保险购买选择时愿意对保险金额600元支付最高的额外价格，其次是对保险金额500元，而对触发温度35℃和触发天数5天则不愿意支付额外价格。由于农户群体之间的偏好存在异质性，不同类别农户对高温天气指数保险不同属性的支付意愿存在显著差别。

第二章 异质性农户对天气指数保险的需求差异分析

在第一章中，笔者利用选择实验法分析了农户对天气指数保险的需求和支付意愿，本章则采用 Blinder – Oaxaca 分解方法从主体异质性视角实证分析新型农业经营主体与传统农户对天气指数保险需求的差异及主要影响因素。差异分解的结果显示：两类经营主体对天气指数保险需求存在显著差异，新型农业经营主体对天气指数保险的需求均值为 0.621，比传统农户高 0.21 个百分点。差异中贡献较大的因素是土地经营规模、户主受教育程度及对本地天气的关注程度，而家庭贷款情况、年龄及购买农业保险的经历是降低天气指数保险需求的主要因素。

在土地流转制度不断完善的背景下，新型经营主体开始大量涌现，本章从主体异质性角度实证分析不同主体对天气指数保险的需求的差异及造成差异的主要因素，丰富了关于天气指数保险需求的文献，以期满足不同经营主体的保险需求以及为进一步推广天气指数保险提供有益的参考。

第一节 新型农业经营主体概述

随着城镇化的推进以及土地流转政策的不断深入，农业经营主体出现分

化，各类新型农业经营主体快速发展。截至 2020 年 6 月，全国家庭农场超过
100 万家，农民专业合作社 220 万家，农业龙头企业 12 万家，辐射带动全国近
一半农户，新型经营主体逐步成为建设现代农业的重要力量（农业农村部，
2020）。新型经营主体由于规模化经营，投资较大，一旦发生自然灾害其损失
远大于小规模传统农户，如果损失不能得到及时补偿将会影响农业再生产。此
外，农户遭受财产损失后，往往会选择低风险、低回报的生产活动，减少在有
风险但是回报率较高的农业技术方面的投资，进而影响新型农业主体的可持续
发展及农业现代化的实现，因此，现代农业经营主体对农业保险的需求更加强
烈（韩长赋，2016）。现有传统农业保险保障层次单一，保障水平较低，不能
覆盖种植业的物化成本，无法满足新型主体高风险、高保障的需求，同时还存
在着理赔手续繁琐、道德风险等问题；此外，新型农业经营主体的土地转租自
其他农户，这部分土地的传统农业保险政策补贴及赔偿往往归属于原户主，新
承租户不能享受政策优惠。因此，农业保险应深入分析农业现代化的风险特点
与需求，为农业现代化提供多样化、多层次的风险保障（陈文辉，2016），以
新型保险产品促进农业现代化的发展。2016 年中央一号文件明确提出，积极
开发适应新型经营主体需求的保险品种，探索天气指数保险试点。

第二节　文献回顾与假说提出

一、新型经营主体面临更大的自然风险

随着农村经济的不断发展，以专业大户、农民专业合作社和农业龙头企业
为代表的新型经营主体迅猛发展，已成为我国现代农业发展的中坚力量（黄
祖辉，2010；宋洪远，2014）。不同于传统承包经营农户"小而全"、兼业化
的经营模式，新型经营主体以市场为导向，生产更专业化、集约化和社会化，
规模经营水平更高，能够优化集成各类先进生产要素（陈晓华，2014）。农业

生产中自然风险是经营者面临的主要风险，传统农户由于生产规模相对较小、风险较为单一，通过农业保险等正规风险管理方式来降低风险的成本相对较高，他们更倾向于利用家庭存款、亲友借贷、政府救济等传统低成本的风险规避方式来分散风险，因此对农业保险需求较弱。新型经营主体因为投资周期长、额度大，生产经营绩效受自然灾害和市场因素影响的整体关联性高，其所面临的风险往往是系统性的，因此其承担着比传统小农户更大的风险（张启文，2015；张燕缘等，2016）。传统的、适合小农户的非正式风险管理手段已不能分散巨额风险，因此，亟须开发适合新型经营主体的保险产品，以实现金融产品促进农业现代化、金融服务"三农"的政策目标。

二、传统农业保险无法满足新型主体的需求

农业保险是最为普遍的正规风险管理工具。传统农业保险低保费、低保额，保障层次单一，无法满足大规模、高投入的新型经营主体规模化经营对于多层次风险保障的需求（庹国柱，2016）。此外，传统农业保险赔偿额需要现场勘定损失，管理成本较高，需要大量财政补贴的发展模式难以持久（Stutley，2011）。传统农业保险还存在着道德风险、逆向选择和系统风险等问题（Skees，2008；姜岩等，2010；Miranda 和 Farrin，2012）。因此，创新农业保险产品以适应新型农业主体对分散风险水平和保障能力提出的更高要求势在必行。

三、天气指数保险具有分散自然灾害风险的天然优势

天气指数保险针对易引发自然灾害的气象指数设计，在分散自然灾害方面潜力巨大；其赔偿额的计算基于某个天气指数无须现场勘查，因此，能够迅速对灾害做出反应，可以有效规避道德风险以及逆向选择等问题（武翔宇，2011）。此外，天气指数保险合同标准、透明，流通性强，便于在二级市场上再保险，有助于在更大范围内分散气象灾害风险。由于指数保险理赔手续简单，可以大幅度降低公司的运营成本，从而降低保险费率（陈盛伟，2010；张宪强，2010；魏华林，2010；马改艳，2015）。因此，天气指数保险作为一种

新型风险管理工具，可以有效改善传统农业保险存在的问题，帮助农业经营主体更有效地分散自然风险。

综上所述，由于新型经营主体投资规模巨大，面临的自然风险远大于传统的小规模农户，导致不同主体对风险保障的预期不同，异质性农户对指数保险的需求将存在差异。因此，本章提出假设：预期新型经营主体对天气指数保险的需求更加强烈。

第三节　数据来源与样本分析

一、数据来源与样本选取

本章数据来源于课题组 2014 年 7 月对黑龙江省同江市农户的入户调查。调研地点涵盖同江市管辖的 4 个镇和 6 个乡，共收回有效问卷 639 份，包括新型经营主体 276 份，传统农户 363 份。新型经营主体样本来自黑龙江省农委认定的家庭农场及专业种植大户。选取该市作为调研地点的原因是，该市地处三江平原，为黑龙江省首批现代农业综合配套改革试验区、粮食主产区，大部分农户以农业为主业；农户机械化程度高，户均拥有大型农业机械（价值 15 万元以上）超过 1 台，完全符合家庭农场的认定标准。此外，该地区 2013 年遭受过洪水灾害，多个村镇遭受重大损失，预期农户对天气指数保险会有更深刻的认识。

本次调查采用分层随机抽样方式选取样本：从同江市的 10 个乡镇中分别随机选取了 4 个遭受洪水灾害与 4 个未遭受洪水灾害的乡镇，然后从每个乡镇中随机选取 4 个村，每个村根据村委会提供的名单随机选取 20 个农户。被认定为新型经营主体的农户全部选为样本，共发放 700 份问卷。问卷包括四部分内容：第一，家庭基本信息及生产情况；第二，风险偏好及现有的风险管理手段；第三，自然灾害情况；第四，对天气指数保险的认知及购买意愿。

设计问卷前的调研发现，该地区主要自然灾害为低温及洪涝灾害，因此，本章选择水稻降雨及气温复合指数保险为研究对象。该保险在合同中规定正常气候条件下的累计降雨量及温度作为触发点，当离所在村最近的气象站监测到的降雨量及温度低于触发点即发生旱灾或低温灾害；高于触发点时即发生洪灾或高温灾害，所有投保农民将从保险公司获得相同数量的赔偿金，其金额高低与农户实际损失无关。该保险不涵盖降雨量及气温以外的自然灾害。由于当地并没有试行天气指数保险，因此，在发放问卷之前首先向农户详细介绍该产品的运作机理、费率及赔偿标准（根据已试行该产品的安徽国元保险公司的天气指数保险产品设计），然后通过两个选择题来判断农户是否理解该产品，如果不理解则继续为其讲解直至完全理解再开始问卷调查。

二、农户土地经营规模异质性与天气指数保险需求

规模化种植是新型农业经营主体的主要特征之一。表 2－1 显示，土地规模大于 250 亩的农户天气指数保险需求比小于 250 亩的农户高 15.05%；规模在 1050 亩以上农户天气指数保险需求比例高达 90%，而 50 亩以下农户需求比例只有 10%。可见，土地经营规模越大，农户对天气指数保险的需求比例越高；农户通过流转租入的土地随其经营规模的扩大而增加：土地规模小于 250 亩的平均租入土地为 41.29 亩，土地规模大于 250 亩的平均租入土地为 234.48 亩。其中，种植总面积在 1050 亩以上的农户平均租入土地面积为 663.57 亩，即其一半以上土地是租入的。因土地需求量大，租金呈不断上涨趋势，由每亩 400 元提高到 700 元。

表 2－1　农户土地规模与天气指数保险需求关系及土地流转情况　单位：%

Variable				Mean		Maximum		Minimum		Std. Dev.	
家庭耕种面积（全样本）				247.516		2300		0.00		310.800	
农地规模分类	户数	保险需求（愿意）	比例	平均租入土地	农地规模分类		户数	保险需求（愿意）	比例	平均租入土地	
[250，450)	16	76	46.34	121.28	[0，50)		36	10	27.78	0.63	

续表

Variable	Mean	Maximum		Minimum	Std. Dev.
家庭耕种面积（全样本）	247.516	2300		0.00	310.800

农地规模分类	户数	保险需求（愿意）	比例	平均租入土地	农地规模分类	户数	保险需求（愿意）	比例	平均租入土地
[450，650)	25	10	40.00	150	[50，100)	92	32	34.78	12.12
[650，850)	44	24	54.54	304.84	[100，150)	99	35	35.35	44.31
[850，1050)	17	12	70.58	487.50	[150，200)	97	40	41.24	52.31
[1050，+∞)	30	27	90.00	663.57	[200，250)	35	20	57.14	111.19
合计	280	149	53.21	234.48	合计	359	137	38.16	41.29

三、农业机械化水平异质性与天气指数保险需求

机械化生产是新型农业经营主体的重要特征（宋洪远，2014；张海鹏，2014；张启文，2015）。拖拉机、插秧机、收割机是当地广泛使用的农业机械，其保有量也是评价农业机械化的标准。表2－2显示，不同机械化水平的农户对天气指数保险需求有较为显著的差异：拥有5.5～6千瓦大马力水稻插秧机的农户对天气指数保险的需求意愿比另两类拥有小规模插秧机农户的需求意愿比例分别高出18.20％和14.88％。可见，农业机械化水平对天气指数保险需求有一定影响。

表2－2　农业机械化情况与天气指数保险需求关系　单位：千瓦，%

农业机械种类①	马力	户数	保险需求（愿意）	比例
水稻插秧机	1.8～2.6	144	51	35.41
	2.2～3	204	79	38.73
	5.5～6	291	156	53.61
小计		639	286	44.76

---

① 由于秋收季节有专门机构提供有偿收割服务，因此当地农户均不购买收割机。

续表

农业机械种类	马力	户数	保险需求（愿意）	比例
	3 ~ 5	106	33	31. 13
拖拉机	6 ~ 8	291	115	39. 52
	12	242	138	57. 02
小计		639	286	44. 76

四、异质性农户天气指数保险需求对比分析

表 2 - 3 显示了农户天气指数保险的需求情况。不同类型的农户对天气指数保险的需求存在差异，传统农户中仅有 38.56% 愿意购买指数保险产品；而新型经营主体对指数保险的需求比例为 52.90%，比传统农户高出 14.34%。新型经营主体中非常愿意购买指数保险的占 13.04%，是传统农户的 5 倍多；愿意购买指数保险的占 28.99%，是传统农户的 1.33 倍。可见，生产规模与方式的不同导致两类主体对正式风险管理手段的需求也存在显著差异。整体而言，有 45.73% 的农户愿意购买天气指数保险。为了进一步验证异质性农户的需求差异，本章还将进一步运用 Blinder - Oaxaca 分解实证分析具体差异及形成差异的主要因素。

表 2 - 3　异质性农户对天气指数保险的需求意愿统计　单位：户,%

指数保险需求	新型经营主体		传统农户	
	户数	比例	户数	比例
非常愿意	36	13. 04	9	2. 48
比较愿意	80	28. 99	79	21. 76
愿意	30	10. 87	52	14. 32
小计	146	52. 90	140	38. 56
比较不愿意	35	12. 68	67	18. 46
不愿意	30	10. 87	133	36. 60
十分不愿意	65	23. 55	23	6. 34
小计	130	47. 10	223	61. 43
合计	276	100. 00	363	100. 00

调研中的深度访谈发现，规模农户往往对新品种、新技术等新生事物接受较快或者会主动去寻找新品种。无论在新品种的选择、农业保险的购买还是参加农村合作社等方面均走在前列，而其他农户对待新生事物往往持观望态度。每年春耕之前，种植大户或家庭农场主会组织村里的农户外出考察、选种，其他农户则根据家庭农场主的决策以及种植效果做决定。对于农业保险，传统农户往往因为种植规模小、受益有限，所以认为没有必要去了解或者参加；预算约束及风险承受能力差也是小规模农户对新事物不积极参与的另一个重要原因。

第四节　异质性农户对天气指数保险需求的实证结果

一、模型选择与变量设定

本模型的被解释变量为不同农户对天气指数保险的需求（dem）Y_i，取值分别为 0 或 1。问卷中对农户的需求分为非常愿意、比较愿意、愿意、比较不愿意、不愿意 5 个层级。选择前三项的赋值为 1，表示对天气指数保险有需求；后两项赋值为 0，表示没有需求。这是一个经典的离散型二元选择问题，可采用二项 Logistic 模型进行回归分析。农户对天气指数保险的需求概率为：

$$\text{Prob}(r_i) = p_i = \frac{e^{\beta_0 + \beta_i X_i}}{1 + e^{\beta_0 + \beta_i X_i}} = \frac{1}{1 + e^{-(\beta_0 + \beta_i X_i)}} \qquad (2-1)$$

式（2-1）可得：

$$e^{\beta_0 + \beta_i X_i} = \frac{p_i}{1 - p_i} \qquad (2-2)$$

式（2-2）为不同经营主体愿意购买天气指数保险的概率之比，两边同时取自然对数即得到 Logit 模型：

$$\text{Logit}(p) = \beta_0 + \sum_{i=1}^{k} \beta_i x_i \qquad\qquad (2-3)$$

其中，x_i（$i=1, 2, 3, \cdots, k$）为各解释变量，包括是否为新型经营主体、户主个人特征、家庭收入、以往遭受自然灾害及购买农业保险的情况、农户自身风险意识等。

户主年龄（Age）与文化程度（Edu）。人对新事物的接受度往往随着年龄的增长而降低，预期户主年龄与天气指数保险购买意愿呈反向关系；户主受教育水平影响了其对天气指数保险产品作用机制的理解与把握能力。预期文化水平越高，其对新事物的理解与接受度就越强，越愿意购买天气指数保险。

农户家庭特征主要包括非农劳动力比重（Non）、家庭收入状况（Income）、土地规模（Land）。非农劳动力比重越大，家庭对农业生产的依赖度越低，农业生产的风险管理手段对其越不重要；此外，非农就业作为农户应对收入波动的手段，本身就是一种非正式的风险管理工具，其比重越大越能够替代正式风险管理手段，对新型保险的需求可能越低。家庭收入状况采用正常年度的收入来衡量。该指标越高，农户面临的预算约束越小，预期与天气指数保险购买意愿呈正相关。也有研究认为，随着家庭财富的增加，农户抵御风险能力提高，往往选择风险自担，保险管理手段对其并不重要，家庭收入对保险需求的影响不确定。土地规模越大，农户面临的风险越大，因此预期与天气指数保险的需求呈正相关。

农户受灾情况（Disa），采用灾害损失占正常年家庭收入比来衡量。孔荣等（2010）研究发现，灾害经历增强了农户的自然风险防范意识，曾经遭受过自然灾害的农户更愿意购买天气指数保险。对于大规模的自然灾害，新型经营主体因面临的风险巨大，已无法通过传统的非正式手段来分散风险，因此可能更愿意购买天气指数保险这种针对自然灾害设计的保险。

购买农业保险的经验（Expe）。天气指数保险弥补了传统农业保险的不足，预期农业保险的购买经验会对天气指数保险的需求有影响。该变量可能会增加或者挤出对天气指数保险的需求：购买农业保险的农户说明其对农业风险较为重视，以往的经验可以帮助农户了解新产品的运作机制，更容易接受天气指数保险；如果农户有过不愉快的农业保险理赔经历可能会降低其对新产品的需求。此外，Wright 和 Hewitt（1990）认为，已有的农业保险可能会挤出农户对新产品的需求，农户保险手段越完善，对新兴的指数保险产品可能越排斥。因此，购买农业保险的经验对天气指数保险需求的影响不确定。

农户自然风险感知（Asse），包括农户对天气变化的关注度（Wea）以及对未来洪灾概率的预期（Flood）。由于天气指数保险主要是针对天气灾害而设计，农户对天气的关注程度以及对自然灾害的预测对农户决策具有重要影响。农户对天气变化越关注，说明其对自然风险越重视，可能越愿意购买天气指数保险；当农户认为未来五年洪灾发生概率较高时，风险规避意识增强，其对天气指数保险的需求可能更大。

农户近三年的贷款情况（Loan）。消费者对产品需求受到其现金持有量的影响。孔荣等（2010）、宋博等（2014）认为，还款负担重的农户因为受到预算约束，所以购买天气指数保险的概率小；此外，贷款作为农户平滑收入的一种重要手段对保险产品有替代作用。

农户家庭存款作为财富存量也是影响其购买力的主要因素。但总结多次调研经验并结合深度访谈发现，东北地区大部分农户存款均在 2 万元及以下，并没有显著差异，因此，本章未包含家庭存款变量。

二、变量的描述性统计

由表 2-4 可知，新型经营主体户主的平均年龄稍高于传统农户；新型主体的平均受教育年限为 8.5 年，高于传统农户的 7.1 年。因为扩大经营规模与建设家庭农场均需要具有创业精神及较强的管理能力，所以新型主体往往具有更高的受教育水平。

表 2-4 变量定义、描述性统计及异质性经营主体的比较

变量名称	变量定义及描述	新型经营主体				传统农户			
		Mean	Dev	Min	Max	Mean	Dev	Min	Max
Dem	愿意购买=1，不愿意=0	0.547	0.499	0	1	0.386	0.487	0	1
Age	户主年龄	47.790	10.889	25	68	46.180	9.290	26	71

续表

变量名称	变量定义及描述	新型经营主体				传统农户			
		Mean	Dev	Min	Max	Mean	Dev	Min	Max
Edu	户主受教育程度	8.552	2.086	0	12	7.175	2.08	0	12
Incom	2万元及以下=1, 2.1万~4万元=2, 4.1万~6万元=3, 6.1万~8万元=4, 8.1万~10万元=5, 10.1万~15万元=6, 15万元以上=7	5.201	2.146	1	7	4.129	1.823	1	7
Land	农户种植的亩数	247.500	58.693	210	1500	76.560	6.230	30	200
Non	非农业劳动力人口占总劳动力比重	0.135	0.251	0	1	0.164	0.269	0	1
Disa	自然灾害损失占家庭总收入的比重	0.635	0.340	0	1	0.491	0.333	0	1
Expe	过去三年购买过农业保险（是=1, 否=0）	0.366	0.483	0	1	0.428	0.496	0	1
Asse	是否关注本地天气变化, 非常关注=1, 比较关注=2, 一般=3, 不太关注=4; 不关注=5	1.186	0.526	1	3	1.412	0.866	1	4
	对未来五年发生洪水概率的预测, 大于80%=1, 60%~79%=2, 40%~59%=3, 20%~39%=4, 小于20%=5	3.402	1.009	1	5	3.495	1.256	1	5
Loan	近三年的贷款额（万元）	30.582	16.490	0	100	15.814	10.959	0	50

新型主体中从事非农就业的比例比传统农户低3%。由于规模农户需要更多的劳动力，且规模经营后的农业收入足以支撑家庭开支及应对各种风险，不需要额外的打工收入；此外，当地工商业欠发达且距离省城等大城市较远，非

农务工机会较少，因此该地区农户非农就业比例整体较低。2013年的洪水灾害中，新型经营主体的户均损失5.2万元，高于传统农户，因此，其对天气情况的关注度也高，但对未来洪水概率的预测与传统农户基本相同。在贷款方面，由于需要资金购买大型农机具等，新型经营主体户均贷款额高于普通农户5万元。

三、模型的回归结果及解释

本章运用了Stata 12.0统计软件对数据进行处理与计量分析，模型回归结果如表2-5所示。

表2-5 异质性农户天气指数保险购买意愿影响因素的估计结果

变量名称	新型经营主体		传统农户	
	系数（标准误）	Prob	系数（标准误）	Prob
Age	-0.006 (0.008)	0.456	-0.004 (0.009)	0.641
Edu	0.084* (0.0458)	0.068	-0.077* (0.043)	0.072
Land	0.0067** (0.0032)	0.041	0.0056** (0.0154)	0.005
Incom	0.0594 (0.041)	0.510	0.097* (0.049)	0.052
Non	-1.026*** (0.348)	0.004	-0.545* (0.326)	0.097
Disa	-0.144 (0.272)	0.098	-0.119 (0.269)	0.057
Expe	-0.0866** (0.209)	0.049	-0.495*** (0.186)	0.008
Wea	0.271* (0.159)	0.090	0.199* (0.101)	0.051
Flood	0.122 (0.083)	0.142	0.119* (0.071)	0.093

续表

变量名称	新型经营主体		传统农户	
	系数（标准误）	Prob	系数（标准误）	Prob
Loan	−0.019 ***	0.000	−0.020	0.016
	(0.005)		(0.008)	
常数项	4.487	0.000	−0.215	0.895
	(0.869)		(1.629)	
	Log likelihood = −196.130		Log likelihood = −187.256	
	Number of obs = 276		Number of obs = 363	
	Lr chi2 (12) = 47.620		LR chi2 (12) = 51.950	
	Prob > chi2 = 0.0000		Prob > chi2 = 0.0000	
	Pseudo R2 = 0.108		Pseudo R2 = 0.117	

注：*、**和***分别表示在10%、5%和1%的统计水平上显著。

由表2-5可知：两类农户的年龄对天气指数保险购买意愿均不具有显著影响；进一步的样本数据分析发现，由于农业的比较收益逐年降低，大部分年轻劳动力离开农业，户主年龄大部分集中在45～50岁，导致年龄变量影响不显著。新型经营主体的受教育程度对天气指数保险的购买意愿具有正向影响，并在10%的水平上通过了显著性检验，符合预期；而传统农户的受教育程度对指数保险购买意愿的影响不显著。可能的原因是新型经营主体的受教育程度普遍高于传统农户，受教育水平高对接受新事物的影响得以体现。两类农户的土地规模对天气指数保险购买意愿均具有显著的正向影响，并在5%的水平上通过了显著性检验。这说明随着经营规模的增加，农户面临的自然风险加大，需要通过正规的风险管理手段分散风险，与本章的预期相符。

与传统农户相比，新型经营主体对天气指数保险需求受收入的影响并不显著。这说明该部分群体收入较高，需求的收入弹性较小。而传统农户指数保险的购买意愿与收入呈正相关，并在10%的水平上通过显著性检验，这说明对于低收入的小农户来说，天气指数保险需求的收入弹性较大，随着收入的增加、预算约束得以缓解，其购买天气指数保险的意愿越强烈。对于两类主体来说，其天气指数保险的购买意愿与非农比重呈负向影响，分别在1%和10%的水平上通过显著性检验。这可能有两方面的原因：一方面，非农就业比重越高，说明其收入来源渠道越多，分散风险的能力越强，因此对天气指数保险的需求减弱。另一方面，非农就业增加时，农业的重要性随之降低，正规保险手段的重要性也随之下降。

自然灾害损失占家庭收入比重对传统农户和新型经营主体的天气指数保险购买意愿均具有显著影响。分析其原因可能是受访地区存在未受灾村镇，新型经营主体中约有24%的农户没有遭遇过洪灾，因此也不存在自然灾害损失；而传统农户对洪灾导致的农业损失程度的认知并不直观，从而可能导致结果并不显著。

购买过农业保险的经验对两类农户天气指数保险需求均具有显著反向影响，没有明显差异。调研中的深入访谈发现，东北地区每亩水稻种植成本为800～1000元（不含土地租金每亩600～700元），而传统农业保险的赔偿金额每亩最高仅为360元，无法覆盖物化成本。《中国农业保险市场需求调查报告（2014）》（以下简称《报告》）的调查结果显示，大多数受访农户认为农业保险赔款不足损失的五成，无法满足风险转嫁需求；此外，保险公司聘请农业专家现场确定减产比重，农户不理解理赔金额的确定；且他们的期望金额与实际定损往往存在较大差距，造成农户对保险公司的误解，这在一定程度上影响了农户对保险产品的信任与需求。《报告》还指出，农民对农业保险的认知程度较低，65%和15%的农户购买农业保险分别是因为村干部的动员和可以享受政府补贴。由此可见，真正出于分散风险目的购买保险的并不多。本章调研中的深度访谈发现，农户把购买保险当作一种储蓄或投资，并不了解保险运作的原理。有的农户认为天气指数保险与传统农业保险相比覆盖面过窄，还有的农户认为只需一种现有的农业保险即可，这也是造成天气指数保险购买意愿较低的原因。

两类主体对天气变化的关注度均对天气指数保险需求有显著正向影响，并在10%的水平上通过显著性检验。天气指数保险主要针对天气灾害设计，许多农户把保险当作一种投资，认为发生自然灾害即可得到赔偿，代表投资成功，因此对未来天气的关注直接影响农户的需求。

农户对未来洪水的预测与传统农户天气指数保险的购买意愿呈显著正相关，但对新型经营主体的影响不显著。分析其原因，可能是新型经营主体较传统农户而言，风险分散方式更多、抗风险能力更强，当其预测洪水将发生时，他们有能力提前采取相应措施；而对于传统农户而言，风险管理手段有限，当预测洪水将发生时，会更倾向于选择天气指数保险。

新型经营主体的贷款金额与天气指数保险购买意愿呈负相关，并在1%的水平上通过显著性检验。调查数据显示，新型经营主体户均贷款30.58万元，是传统农户的2倍，贷款金额多、贷款负担重可能在一定程度上影响其消费决策，进而影响其购买指数保险的意愿；传统农户的贷款额对天气指数保险的购买意愿没有显著影响，可能的原因是小农户资金需求小、贷款额度较低，因此没有影响农户的保险需求。

第五节 异质性农户天气指数保险需求差异分解

一、Blinder – Oaxaca 分解的基本原理

Blinder – Oaxaca 分解是一种常用的差异分解方法，本章将在上述 Logit 回归的基础上，进一步利用 Blinder – Oaxaca 分解将新型经营主体与传统农户之间的需求差异分解为禀赋差异、系数差异和交互项（系数差异和禀赋差异同时作用引起的差异）三部分。

在对全部样本进行 Blinder – Oaxaca 分解之前，我们把全部样本分为两组，并分别建立需求函数如下：

$$F = (a, b) \tag{2-4}$$

其中，a 为新型经营主体，b 为传统农户。各组的需求函数分别为：

$$y_{ia} = x_{ia} + \varepsilon_{ia} \tag{2-5}$$

$$y_{ib} = x_{ib} + \varepsilon_{ib} \tag{2-6}$$

对这两组样本影响农户需求函数的因素进行估计，得到估计方程的回归系数，Blinder（1973）、Oaxaca（1973）将两者的差异分解如下：

$$\bar{y}_a - \bar{y}_b = （\bar{x}_a - \bar{x}_b）\beta_b + \bar{x}_b（\beta_a - \beta_b） + （\bar{x}_a - \bar{x}_b）（\beta_a - \beta_b） \qquad (2-7)$$

式（2-7）将差异分解成两部分，其中，$\bar{x}_a$ 和 $\bar{x}_b$ 分别代表两组农户解释变量的均值，$（\bar{x}_a - \bar{x}_b）\beta_b$ 表示差异中可以解释的部分即禀赋差异对需求差异的影响，$\bar{x}_b（\beta_a - \beta_b）$ 表示差异中不能解释的部分即系数差异。$（\bar{x}_a - \bar{x}_b）（\beta_a - \beta_b）$ 是禀赋差异和系数差异相互作用后可以解释的部分。

$$\Delta a^{NL} = \{E_{\beta a}（y_{ia} \mid x_{ia}） - E_{\beta a}（y_{ib} \mid x_{ib}）\} + \{E_{\beta a}（y_{ib} \mid x_{ib}） - E_{\beta b}（y_{ib} \mid x_{ib}）\}$$

$$(2-8)$$

其中，Δa^{NL} 表示两组样本的差异中可以用特征来解释的部分，即禀赋差异，而 $E_{\beta g}（y_{ig} \mid x_{ig}）$ 是 y_{ig} 的条件期望。同理，Δb^{NL} 表示两组样本的差异中可以用系数解释的部分，即系数差异。

二、异质性农户天气指数保险需求差异的总体分解

根据上述 Logistic 模型的分析结果，运用 Blinder – Oaxaca 分解方法对两组样本的差异进行整体分解。

表 2-6 是运用 Blinder – Oaxaca 分解方法对新型经营主体与传统农户对天气指数保险需求总体差异的分解结果。组 a 新型经营主体保险需求均值为 0.661，组 b 传统农户天气指数保险需求均值为 0.403，两组的差异为 0.258，Z 值为 6.500。说明两类农户需求差异是非常显著的，并在 1% 的水平上通过了显著性检验，再一次验证了本章的假说。两组农户的全部差异中禀赋差异为 0.211，占总体差异的 82%。说明禀赋特征的差异可以解释异质性农户保险需求差异的 82%，即两类农户保险需求差异的 82% 是由于其户主特征、种植规模、非农收入情况、家庭收入等方面的差异引起的。其经济学含义为：如果传统农户具有与新型经营主体同样的禀赋条件，其天气指数保险需求将上升 0.211。

表 2-6　两类农户天气指数保险需求总体差异 Blinder-Oaxaca 分解

X	Coef.	Std. Err.	z	P > z
Group_a	0.661	0.034	10.371	0.000
Group_b	0.403	0.042	11.400	0.000
Difference	0.258	0.063	6.500	0.000
Endowments	0.211	0.105	2.263	0.025
Coefficients	0.040	0.149	3.165	0.010
Interaction	0.007	0.182	-2.194	0.030

三、异质性农户天气指数保险需求差异的分项分解

为了详细了解各影响因素对需求差异的贡献度，本章在回归的基础上又进行了差异的分项分解，以确认各禀赋因素在差异中的影响强度。

如表 2-7 所示，在所有的解释变量中，对两类农户天气指数保险需求差异贡献较大的影响因素分别是土地规模、对本地天气的关注和受教育程度。而贷款情况、购买农业保险的经历、年龄的系数均为负数，因此，这三个变量降低了农户的天气指数保险需求从而导致差异减少。在这三个变量中，贷款情况的系数为 -0.053，差异占比为 -20.6%，说明其对农户需求意愿的抵消作用最大。在所有的影响因素中，土地规模对差异的贡献率高达 64.2%。进一步分析两类农户土地规模的资料可以发现，新型主体的土地均值是传统农户的 4 倍，差异较大。随着经营规模的扩大，新型主体风险聚集，因此保险需求更强烈，与假说相符。

表 2-7　两类农户天气指数保险需求差异 Blinder-Oaxaca 分项分解

X	禀赋差异值	禀赋差异百分比	系数差异值	系数差异值百分比
Age	-0.003	-0.012	-0.003	-0.012
Edu	0.035	0.134	0.014	0.056
Land	0.165	0.642	0.038	0.151
Incom	0.023	0.088	0.014	0.460

续表

X	禀赋差异值	禀赋差异百分比	系数差异值	系数差异值百分比
Non	−0.005	−0.017	−0.109	−0.315
Disa	−0.010	−0.038	−0.116	−0.088
Expe	−0.015	−0.058	−0.092	−0.368
Wea	0.057	0.223	0.073	0.294
Flood	0.017	0.066	0.070	0.279
Loan	−0.053	−0.206	−0.044	−0.296
总计	0.211	0.821	0.040	0.160

第六节　主要结论

本章利用 2014 年黑龙江省同江市 639 户农户调查数据，采用二项 Logistic 模型分析了影响异质性农户天气指数保险需求的主要影响因素，又进一步采用 Blinder‑Oaxaca 分解方法基于主体异质性视角实证分析了新型农业经营主体与传统农户对天气指数保险需求的差异及主要影响因素。本章得出以下主要结论：

第一，不同类型的农户对天气指数保险的需求存在差异，传统农户中仅有 38.56% 愿意购买指数保险产品；而新型经营主体对指数保险的需求比例为 52.90%，比传统农户高出 14.34%。新型经营主体中非常愿意购买指数保险的占 13.04%，是传统农户的 5 倍多；愿意购买指数保险的占 28.99%，是传统农户的 1.33 倍。可见，生产规模与方式的不同导致两类主体对正式风险管理手段的需求也存在显著差异。

第二，新型经营主体的受教育程度对天气指数保险的购买意愿具有正向影响，并在 10% 的水平上通过了显著性检验，而传统农户的受教育程度对指数保险购买意愿的影响不显著；两类农户的土地规模对天气指数保险购买意愿均具有显著的正向影响；新型经营主体对天气指数保险需求受收入的影响并不显著。这说明该部分群体收入较高，需求的收入弹性较小；而传统农户指数保险的购买意愿与收入呈正相关；对于两类主体来说，其天气指数保险的购买意愿与非农比重呈负相关。自然灾害损失占家庭收入比重对传统农户和新型经营主体的天气指数保险购买意愿均具有显著影响。购买过农业保险的经验对两类农户天气指数保险需求均具有显著反向影响，没有明显差异。两类主体对天气变化的关注度均对天气指数保险需求有显著正向影响。农户对未来洪水的预测与传统农户天气指数保险的购买意愿呈显著正相关，但对新型经营主体的影响不显著。新型经营主体的贷款金额与天气指数保险购买意愿呈负相关。传统农户的贷款额对天气指数保险的购买意愿没有显著影响。

第三，差异分解的结果显示：在所有的解释变量中，对两类农户天气指数保险需求差异贡献较大的影响因素分别是土地规模、对本地天气的关注和受教育程度。而贷款情况、购买农业保险的经历、年龄的系数均为负数，因此，这三个变量降低了农户的天气指数保险需求从而导致差异减少。在这三个变量中，贷款情况的系数为 -0.053，差异占比为 -20.6%，说明其对农户需求意愿的抵消作用最大。在所有的影响因素中，土地规模对差异的贡献率高达64.2%。

第三章 自然灾害对农户天气指数保险需求的影响研究

　　由于 MPCI 的高成本，中国的农业政策制定者对指数保险的兴趣与日俱增。指数保险被认为是 MPCI 的低成本替代方案。2012 年 5 月，中国保险监督管理委员会（CIRC）制定了一项促进天气指数保险发展的全国性政策，并开始实施天气指数保险的试点计划，多数形式是直接出售给农户的小额保险。由于缺乏国家财政补贴支持，试点计划仅限于小范围选定的地区，通常是在县一级，多数都没有达到商业上可持续的规模（Stutley，2011）。由于指数保险在中国相对较新，因此关于农民对天气指数保险购买意愿的实证研究较少。

　　黑龙江省位于中国东北部，是粮食主产区。2013 年曾遭受百年不遇的洪水灾害，17.46 亿公顷的农作物遭受损失；许多农业基础设施被摧毁或严重损坏，直接经济损失高达人民币 150.73 亿元（中国农业年鉴，2013）。洪水的发生为探讨自然灾害经历是否会影响农民购买天气指数保险意愿提供了很好的机会。因此，本章采用准自然实验的方法，实证分析自然灾害经历对农户天气指数保险购买意愿的影响。

第一节　文献综述

与其他发展中国家一样，中国的农户也面临着自然灾害的风险。2006～2015年，每年受自然灾害影响的农作物约3600万公顷，占耕地面积的29%，平均每年粮食损失1700万吨（中国统计年鉴，2015）。大多数中国农民采用雨水灌溉作物的生产方式，这使他们容易受到极端天气和自然灾害的影响。在极端气候事件中，洪涝灾害是中国农民和农业生产面临的主要威胁。据国家防汛抗旱总指挥部的统计，2006～2016年，洪涝造成的损失占全国自然灾害损失的50.3%。近11年来，洪水造成11634人死亡，即每年有1058人死于洪涝，受灾群众高达7600多万人，年均损失约4428亿元。

为了管理自然灾害风险，自2007年以来，中国开始大力推广农业保险，并提供了大量政府补贴。截至2017年，中国已提供160多种农业保险产品，涵盖多种农作物和牲畜（Stutley，2011；Zeng和Mu，2010）。中国农业保险主要以多重灾害作物保险（MPCI）为主，该保险基于现场勘查的损失向农民提供保险赔偿，存在着道德风险、逆向选择和系统性风险等问题（Barnett和Mahul，2007；Miranda和Farrin，2012；Skees，2008）。在中国，MPCI在很大程度上依赖于政府的大力支持。目前，政府补贴占保险费的70%以上，这种发展模式是不可持续的（Belete等，2007；Zhou，2009；Dick和Wang，2010；Zeng和Mu，2010；Stutley，2011）。

保险需求通常在静态的期望效用最大化框架下分析。如果保险的保费计算是公平的，风险规避的个人将会购买全额保险（Kriesel和Landry，2004）。然而，现实情况与预期不相符。以往的各种研究表明，个人往往会忽视那些低概率、高影响的自然灾害，或者低估他们成为灾害受害者的概率（Kunreuther，1984；Kunreuther，1996；Kunreuther等，2013）。

对作物保险需求的大量研究发现，作物保险的参与率与过去经历的灾害、保险覆盖水平、产量波动性、政府补贴金额和农民对政府的信任度呈正相关（Cai 等，2009；Fraser，1992；Garrido 和 Zilberman，2008；Sherrick 等，2004）。风险厌恶型或认为产量风险更大的农民更有可能参加作物保险（Sherrick 等，2004）。负债水平较高的农民也更有可能购买农作物保险，并愿意支付更高的保费（Patrick，1988）。免费的临时政府救济大大削弱了农民购买农作物保险的积极性，因为农户预期政府补助将部分或全部覆盖灾害损失（Van Asseldonk 等，2002；Wang 等，2012）。

许多学者研究了印度天气指数保险的需求情况。印度农户对天气指数保险的需求对价格高度敏感，购买该产品需要大量的政府补贴支持。此外，农户的受教育程度、财富、风险厌恶和对保险产品的熟悉程度都是影响农户保险决策的重要因素（Hazell，2010）。

基差风险是指农户获得的保险赔偿与其实际损失之间的差异，也包括指数保险未能补偿与该指数没有直接关系的生产损失（如由于病虫害造成的损失），影响农民指数保险的支付意愿（Cole 等，2008；Giné 等，2008；Giné 等，2010；Hill 等，2013；Kong 等，2011；Musshoff 等，2008）。德国的一项研究发现，农户个体的天气指数保险支付意愿取决于地理基差风险（农场与参考气象站之间的距离）和生产基差风险（天气指标的确定）（Musshoff 等，2008）。如果农民的异质性风险很高或者是天气指数保险的触发点很低，那么指数保险合同将是一项代价高昂、高风险的赌博，而不是有用的风险管理工具（Jensen，2016）。天气指数保险不能覆盖的基差风险通常是导致需求低的主要因素（Hazell 和 Hess，2010；Miranda 和 Farrin，2012），是妨碍指数保险项目成功的因素。

农户对保险产品和营销组织的信任也是影响指数保险需求的主要因素，尤其是发展中国家（Patt 等，2009）。Castellani 和 Viganò（2017）研究发现营销渠道和销售策略都影响潜在消费者对保险的理解与信任。Cole 等（2013）发现农户的保险支付意愿受家庭信任的个人或团体的影响；当农民信任的当地居民购买保险产品，其他人购买保险的可能性增加。受信贷约束的农民购买指数保险的可能性较小，因此将短期贷款与指数保险相结合可以提高承保率，因为它使受信贷约束的农民能够支付保费（Giné 等，2008）。

一些学者已经研究了天气指数保险的 WTP。对印度小农户的一项研究发现，当地农民的天气指数保险平均支付意愿约为最高支付者的 8.8%。Castellani 和 Viganò（2017）对埃塞俄比亚的研究发现，天气异常（如温度和降水量的变化）可能导致农户对天气指数保险的支付意愿决策发生重大变化。Sarris（2013）研究发现补贴或初始资本扭曲了农民对保险的需求。但是，上述研究的样本局限于非洲、南亚和东南亚，其研究结论可能无法推广到中国。Turvey 和 Kong（2010）研究了中国西部和中部地区农民对天气指数保险的购买意愿，发现农民对干旱保险的需求富有弹性，需要大量的折扣或补贴才能确保天气指数保险的采用率。Cai 和 Song（2017）通过与农户进行一个实验展示天气灾害的影响，研究发现实验之后农户的保险需求增加 46%。本章以洪水灾区的农户为样本，实证研究自然灾害经历在天气保险需求中的作用。

第二节　假说的提出

农户个体所具备的特质对其行为的选择具有重要影响，从而会对天气指数保险等农业保险的支付意愿产生影响；农户自身的认知、价值观、年龄、经验、受教育程度等特征会影响其选择过程。客观地、真实地衡量农户的心理过程几乎不可行，但是，如年龄、职业、教育、收入等外在的个人背景特征很容易进行科学的度量与评价。除了农户的个体特征之外，政府的灾后补贴、农户购买保险的经历以及受灾情况等因素也会影响农户对天气指数保险的支付意愿。

本节对农户个体特征与天气指数保险支付意愿的研究主要依据是冯诺依曼—摩根斯坦效用模型，天气指数保险对于承保农户的效用函数为：

$$V(P, t) = V(P, W-t, W-L+t-r) \tag{3-1}$$

假设农户是理性、规避风险的消费者，V 为农户对天气指数保险的期望效用，P 为因受自然灾害损失的概率，W 为农户的初始财富，L 为在自然灾害中遭受的损失额，t 为天气指数保险的保费，r 为天气指数保险的赔偿金额。只有当 V（P，t）> V（P，0）时，农户才会决定购买天气指数保险。冯诺依曼—摩根斯坦效用模型是通过比较愿意支付天气指数保险与不愿意支付天气指数保险的期望效用的差值来判断决策应购买天气指数保险还是不应购买天气指数保险。

由此，提出本章的第一个假说：

假说一：洪灾所造成的损失将直接影响农户满足自身利益、保险期望值最大化的目标。所以，本章认为是否遭受洪灾等因素将显著影响农户对天气指数保险的需求。

马斯洛需求层次理论把人的需求分为生理需求、安全需求、爱和归属感、尊重和自我实现五大类，并且层级依次递增。按照该理论，农户购买天气指数保险属于满足自身安全需求，因此，其他常规商品需求是否已满足决定了天气指数保险需求程度；并且天气指数保险的需求程度是随着农户个体特征如收入水平、受教育水平、年龄、风险倾向、受灾情况等、外部政策环境以及保险产品价格的变化而变化的。从风险规避的需求方面分析，农户家庭总收入低的为"高约束"条件，他们更倾向于采用低风险种植、保守化管理方式进行风险规避；而农户家庭总收入高的为"低约束"条件，会选择更高层次的风险规避型产品或管理方式；中等收入的农户往往会选择通过购买农业保险进行风险规避。从农户的风险偏好角度分析，偏好高风险高回报的农户为"低约束"条件，会有更多的风险管理方式，可以选择多样化的农业保险产品来规避风险，满足自己的安全需求；不愿冒风险和获得回报的农户为"高约束"条件，会选择低风险种植、保守化管理方式进行风险规避；喜好平均风险和回报的农户则会选择一种农业保险来进行风险的管理与规避。

由此，根据前文的理论基础，提出了本章的第二个研究假说：

假说二：农户的个体特征、风险倾向、政府的灾后补贴以及农户购买保险的经历等因素将会显著影响农户对天气指数保险的需求。

第三节　实验设计

一、调研地区

本章的调研地点位于中国主要粮食产区之一的黑龙江省同江市。同江市地处黑龙江、乌苏里江和松花江交汇的三江平原，为东北的主要产粮区。2013年同江市粮食总产量达 17.29 亿斤，农林牧渔总产值实现 34.9 亿元，占黑龙江省的 56%。同江市濒临世界第十大河流黑龙江，靠近主要河流使同江市容易遭受洪水侵袭。2013 年 8 月，中国东北的黑龙江流域经历了几十年来第二次最严重的暴雨，导致同江市附近的大坝决堤，摧毁了房屋和农田。大约有5126 户农户受到严重影响，造成经济损失 5 亿元。在遭遇洪灾的同江市 5 镇 5乡 1 农（林）场进行调查，受灾区域以同江、临江镇为代表；未受灾区域以乐业镇、银川乡为代表。

洪水灾害对农民来说是一种外生变量，它提供了一种天然的自然实验条件来分析农户洪水的经历与其对天气指数保险购买意愿之间的关系，并且可以消除样本选择偏差问题。通过比较实验组（受洪水影响的农户）和对照组（不受洪水影响的农户）之间的降雨指数保险购买意愿，可以分析最近发生的自然灾害经历是否会影响农民对指数保险产品的态度。实验组的 120 个样本来自受洪灾影响的村庄，对照组的 113 个样本来自未受洪灾影响的村庄。两组都位于濒临黑龙江的同一气候地区，农民的特征非常相似。因此，本章采用准自然实验的方法分析洪水灾害经历对农户天气指数保险需求的影响。

二、指数保险产品的设计

在前期的预调研中，我们就该地区经常发生的天气灾害咨询了有经验的农户和气象专家。水稻生产期降雨过多是导致产量下降的主要因素，于是我们设计了降雨量指数保险。为了帮助农户了解这个假设的产品，在调研开始前首先向农户介绍天气指数保险产品如下：降雨指数保险是一种不同于 MPCI 的新型保险。它根据与农业生产产量有直接关系的合同中约定的天气指数（如降雨量）进行赔偿。实际降雨量根据距离农场最近的气象观测点测量。如果购买了降雨指数保险，当实际降雨量与合同中的降雨量指数之间存在差异时，将自动获得赔偿。但是，如果因除洪水或干旱之外的其他灾难或事故而遭受损失，就无法从降雨指数保险中获得赔偿。如果测得的降雨量在合同规定的范围内，即使农作物遭受洪水或干旱产生实际损失，也不会获得赔偿。

在解释了降雨指数保险的赔偿机制之后，我们进行了一个简单的测试，了解农户是否理解该产品。如果被访者未通过测验，我们帮助农户解释这些概念，直到被访者完全理解。然后询问被访者是否愿意购买这种降雨指数保险。如果被访者的回答是肯定的，我们将进行一个竞价小游戏来考察农户的支付意愿。竞标游戏采用条件价值法（CV），通过反复询问被访者是否愿意支付不同的金额来确定其支付意愿。询问时金额的增减取决于受访者是否愿意为之前提供的金额付款，当支付意愿收敛于某个预估点时，竞标停止，该点即为农户的支付意愿。

本章中产品的最高赔款额为每亩 200 元。每位农民被要求用"是"或"否"来表示他/她是否愿意为降雨指数保险合同提供的每 100 元赔款支付 10 元。如果被访者回答"是"，游戏结束；否则保险费率将降至每 100 元赔款支付 8 元、6 元、4 元、2 元，直到被访者回答"是"。

保险期限为 5 月 15 日至 10 月 15 日，涵盖整个作物的生长周期。具体条款参照国元保险公司的保险单设计，国元保险公司是中国第一家提供指数保险的公司。

三、样本选择与调查问卷的设计

调研采用分层抽样的方法抽取样本，在每个镇选择 3~4 个村，每个村随机抽取 20 户农户。样本选择标准：家庭的主要经济来源通过从事农业生产而获得。我们在 10 个村庄进行了实地调查。首先，我们从村委会得到村民名单，并以升序排列农民的住址代码。每个村庄中大约有 200 户农户，我们随机选择 18 户家庭作为对象。最终共获得有效样本 233 个。

样本农户的平均年龄和受教育年限分别为 46.880 岁和 8.120 年（见表 3-2）。黑龙江省农户的这两个指标的平均值分别是 49.62 岁和 7.86 年。样本家庭的平均劳动力数量为 1.91，非常接近黑龙江省的平均值（1.86）。样本农户平均拥有土地 247.6 亩，黑龙江省的平均值为 196.74 亩（黑龙江统计年鉴，2015）。样本农户各主要变量的平均值均非常接近黑龙江省农户的平均水平，因此说明样本具有较好的代表性。

调研采用入户调研的方法进行问卷调查。每份问卷持续 30~40 分钟。调查内容包括农户的个体特征包括年龄、受教育水平、收入、风险偏好等；家庭的生产特征包括生产规模、贷款情况、是否遭受自然灾害、以前购买保险产品的经历等；外部政策环境包括政府补贴等；问卷还调查了该家庭是否受到 2013 年夏季洪水的影响，如果受到影响，遭受损失情况如何，对未来洪水的预期、是否相信天气预报等。借鉴以往的研究（Dohmen 等，2013；Reynaud 和 Couture，2012），本章采用自我评估方法来度量农户的风险偏好，其中，金融风险容忍度的自我评估方法借鉴美国联邦储备委员会的一项消费者金融的市场调查（Gilliam 等，2014）。每个家庭的风险偏好是根据美国联邦储备委员会的消费者财务调查模型进行的自我评估调查估计的（Gilliam 等，2014）。在调查中，自我评估包括四个部分的内容：第一，农民对不确定投资项目的态度；第二，农民如何管理农业生产风险；第三，农民对新风险技术的态度；第四，农民如何评价风险管理工具。调研农户风险倾向的具体问题包括：当投资时，是选择高风险、高收益，低风险、低收益还是平均风险平均收益；在生产过程中，更倾向于采用低风险、低回报的技术还是高风险、高回报的技术；对于新技术，在看到其他农户采用新技术取得成效之前，愿意优先使用它还是等别人用后观察效果；是否通过多饲养一些家畜种类和多种植一些作物种类来降低风险；在做生产决定时，是否考虑未来的风险和可能发生的意外事故；应对未来的不确定性，是多存点钱来应付还是购买保险。当风险发生时，采用何种金融手段应对：①从亲戚朋友那里借款。②从银行或者信用社贷款。③向民间借贷人贷款。④出卖房屋、牲畜、生产工具等。⑤依靠社会福利或者政府的救济。⑥用从保险公司处获得的理赔款。⑦用以前的积蓄。

表3-1　变量定义与说明

变量名称	变量定义与赋值	度量方式
受灾情况	是否受 2013 年洪水影响	是 = 1，否 = 0
户主个人信息	户主性别	男性 = 1，女性 = 0
	户主年龄	以年为单位
	户主受教育背景	实际受教育年限
农户人口特征	家庭规模	人数
	18 岁以下或 65 岁以上的成员人数	人数
	身体不健康的家庭成员数量	人数
	是否有家庭成员为村干部	有家庭成员担任当地村干部则记为 1，否则为 0
	是否有近亲为村干部	有近亲担任村干部则记为 1，否则为 0
农户农业生产	耕地面积	实际亩数
	种植的作物数量	种植的实际种类
农户财务状况	家庭债务数额	元
	家庭年收入水平	将年收入分为 7 个等级 （1）20000 元以下； （2）20001～40000 元； （3）40001～60000 元； （4）60001～80000 元； （5）80001～100000 元； （6）100001～150000 元； （7）150001 元以上
	家庭总资产水平	将总资产分为 7 个等级（从 1 级"<50000 元"到 7 级">300000 元"）
	农业生产是否为收入的主要来源	是主要收入来源为 1；否则记为 0
风险态度	户主的风险规避水平	（1）农民对不确定投资项目的态度； （2）农民如何管理农业生产风险； （3）农民对新风险技术的态度； （4）农民如何评价风险管理工具

续表

变量名称	变量定义与赋值	度量方式
是否为激进型农民	在技术采用方面是否积极	如果农民愿意先于他人使用新的生产技术则记为1，否则为0
主要风险	自然灾害是否为主要风险	如果自然灾害是主要风险则记为1，否则为0
以前购买保险的经历	购买农作物保险	在近三年购买了农作物保险则记为1，否则为0
	购买商业保险（汽车保险、医疗保险或人身保险）	在近三年至少购买过一次商业保险则记为1，否则为0
当地天气预报的准确性	农民是否相信当地的天气预报	如果农民相信则记为1，否则为0
对未来洪水的预期	在接下来的五年里是否会有另一场洪水	如果有则记为1，否则为0
政府救助的重要性	政府救助在自然灾害恢复中的重要程度	将重要性分为5级（从1级"非常重要"到5级"一点都不重要"）

上述每个问题根据 Likert 量表设计了从"非常重要"到"一点都不重要"的5个等级。根据农民的回答，计算四个部分的加权平均分数，然后得到最终的平均分数作为判断其风险倾向的依据。分数越高，表明其对风险的容忍度越大。样本的平均得分为2.89，这意味着农民愿意承担平均风险，换取平均回报。在调查中，愿意在其他农民开始使用新的生产技术或农场管理方法之前率先使用的农户被认定为"激进型"农民。在我们的样本中，54.1%的农民被界定为"激进型"农民。政府救济在农户的生产决策中的重要性得分平均为3.2，这表明政府救济对农民来说非常重要。

四、主要变量的描述性统计

主要变量的平均值和标准差如表 3 - 2 所示。样本农户平均年龄为 46.880 岁，说明从事农业生产的以青壮年为主。其中年龄最高的达到 67 岁，年龄最小者为 22 岁。户主平均接受了 8.120 年的学校教育。农户家庭规模的均值为 3.8，说明被调查家庭的平均人数为 4 个人。由于调研地区为黑龙江省北部的三江平原，地广人稀，所以农户的户均耕地面积普遍高于全国平均水平，样本农户的平均耕地面积为 247.6 亩。种植的主要作物是水稻、大豆或玉米。因农场规模较大，因此经营高度依赖贷款，91% 的家庭需要贷款从事农业生产。家庭平均负债为 16.23 万元。普通家庭拥有的资产平均价值在 15 万元至 20 万元之间。本研究中样本的风险规避水平得分为 2.89，说明大部分农户愿意接受平均风险与平均回报的投资项目，96.6% 的农户表示自然灾害是其主要生产风险。51% 的样本农户在 2011～2013 年至少购买了一次农作物保险，44% 的农户购买过其他保险产品。由于降雨指数保险赔偿取决于天气，因此农民对天气预报的态度很重要。当问农民天气预报是否准确时，97% 的受访者认为是准确的。50% 的被调查农民认为未来的五年（2015～2020 年）可能会发生另一场洪水。

农业保险产品通常由当地的村干部帮助销售及负责后期理赔款的分发。Castellani 和 Viganò（2017）发现分销渠道的类型以及提供保险的策略会影响客户对产品的理解和信任。Patt 等（2009）强调，对产品和供应商的信任在承保决定中最为重要。当指数保险通过当地村干部发放时，村民们会认为这是一个政府推动的项目。村干部和政府的声誉会影响农民的购买以及支付意愿（Castellani 和 Viganò，2017；Patt 等，2009）。如果村干部的声誉好，农户的支付意愿就会更高。如果农户不信任政府，他们的支付意愿就会更低。还有一种可能：保险由村干部销售，农户会认为这是一个政府推动的非营利项目，有财政补贴，农民的支付意愿就会更低。如果家庭成员或近亲是当地的村干部，农户将更有可能购买指数保险。6.9% 和 9.9% 的被调查家庭分别有家庭成员或近亲担任村干部。

对照组和实验组具有可比性的前提是两组农民的特征没有显著差异。我们比较两组的变量平均值，并使用 T 检验来检验这些差异是否显著。表 3－2 的结果表明，除土地持有和购买作物保险外，两组之间大多数解释变量的均值差异不显著。遭受洪水灾害的户主比未受灾的户主大 2.6 岁，但考虑到年龄差异仅为所有受访农民平均年龄（46.9 岁）的 5.5%，因此年龄差异不能对农民决策产生显著影响。实验组的家庭（受灾农户）的耕地面积是对照组（未受灾

农业保险科学发展背景下天气指数保险的需求及其对农户行为影响的研究

农户）家庭的 2 倍。但考虑到：第一，实验和对照组的年收入没有显著差异；第二，农业生产是两组 90% 以上家庭的主要收入来源；第三，实验组和对照组的家庭种植相同的农作物。因此可以认为，实验组和对照组的作物总产量相似。

还有一个需要注意的问题，农户购买天气指数保险的意愿较高可能是由某些外生解释变量引起的。换言之，样本中遭受水灾的村庄由于靠近黑龙江或其他地理特征而可能更易受到洪水的影响。靠近江河通常表明洪水风险更大，这可能导致人们对潜在灾难的认识提高，对保险更感兴趣。即使没有经历过水灾，农民的风险意识也更强，因此更愿意购买保险。一项针对美国国家洪水保险计划的研究发现，在所有条件相同的情况下，距离海岸线较远的家庭购买洪水保险的可能性较小（Kriesel 和 Landry，2004）。如果遭受水灾的村庄与未受灾的村庄之间的家庭到黑龙江的距离没有显著差异，那么就可以认为他们对指数保险购买意愿的差异源于他们的洪水经历，而不是他们的风险感知。

为了避免这一问题，我们比较了每个村庄到黑龙江的距离，以确定被调查村庄的地理位置是否存在显著差异。表 3 - 2 的最后一行显示了从被调查村庄到黑龙江的距离。每个村庄经度和纬度的位置均从 Google Earth 获取，村庄到黑龙江的距离通过 ArcGIS 计算。未受灾村庄到黑龙江的平均距离为 6.9 千米（4.3 英里），略大于受灾村庄的平均距离 5.7 千米（3.5 英里），但差异并不显著。换句话说，非受灾村庄与受灾村庄相比，离黑龙江的距离不远，可以认为不存在导致保险利益不同的村庄层面的异质性。因此可以得出结论，实验组和对照组的洪水风险没有差异。

Giné（2008），Akter 等（2009）研究发现，农民对产品的理解对其保险支付意愿有显著影响。如果农民以前购买过农作物保险，他们会更熟悉保险合同或供应商。在本章中，农作物保险的投保率为 50%。在所有样本中，有 117 名农民在过去三年中购买了农业保险。

尽管实验组和对照组之间的作物保险购买率存在差异，但由于保险提供的保障水平较低，最高每亩 200 元的保险，仅占水稻物化成本投入的 1/3，不足以保护农民免受自然风险的冲击。在预调研中，我们咨询了当地农民和技术人员农业生产成本情况，每亩种子、化肥和农药的成本近 600 元。扩大保障水平将增加保险公司的运营成本，而地方政府不能提供更多的补贴，保险公司不愿意提高保障水平。调研中，当让农民评估农业保险在管理农业风险方面的总体重要性时，他们认为，保险对自然灾害的恢复总体而言"并不那么重要"。而政府救济的得分较高（3.2 分），说明在农户的风险管理手段中，政府救济的重要性高于农业保险。

表 3-2　天气指数保险支付意愿影响因素的描述性统计

变量	总样本	受洪水影响的农户	未受洪水影响的农户	平均差	最大值	最小值
户主性别（男性 = 1）	0.983	0.975	0.991	-0.016	1	0
	(0.130)	(0.157)	(0.0941)	(0.95)		
户主年龄	46.88	48.14	45.54	2.602*	67	22
	(9.521)	(10.33)	(8.424)	(-2.10)		
户主受教育程度	8.120	8.242	7.991	0.251	4	1
	(2.286)	(2.238)	(2.339)	(-0.84)		
家庭规模	3.893	4.033	3.743	0.290	6	3
	(1.314)	(1.489)	(1.084)	(-1.69)		
18 岁以下或 65 岁以上的家庭成员人数	0.991	1.017	0.965	0.052	3	1
	(0.991)	(1.085)	(0.886)	(-0.40)		
身体不健康的家庭成员数量	0.326	0.358	0.292	0.066	3	0
	(0.599)	(0.671)	(0.512)	(-0.84)		
家庭成员是否为村干部	0.069	0.058	0.081	-0.022	1	0
	(0.253)	(0.235)	(0.272)	(0.64)		
近亲是否为村干部	0.099	0.092	0.106	0.014	1	0
	(0.299)	(0.290)	(0.309)	(0.37)		
耕地（百亩）	2.476	3.311	1.59	1.721***	10	0.3
	(3.120)	(3.936)	(1.472)	(-4.37)		
种植农作物的数量	1.657	1.725	1.584	0.141	5	1
	(0.709)	(0.733)	(0.678)	(-1.52)		

续表

变量	总样本	受洪水影响的农户	未受洪水影响的农户	平均差	最大值	最小值
债务金额（千元）	162.3 (125.1)	154.7 (123.7)	170.4 (126.6)	-15.65 (0.95)	500	50
家庭年收入水平	4.616 (1.968)	4.525 (0.184)	4.714 (0.181)	-0.189 (0.259)	—	—
家庭总资产水平	3.854 (2.029)	3.708 (2.031)	4.009 (2.024)	-0.301 (1.13)	100	10
农业生产是主要收入来源	0.979 (0.145)	0.975 (0.157)	0.982 (0.132)	-0.007 (0.38)	1	0
风险规避水平	2.893 (0.826)	2.883 (0.747)	2.903 (0.906)	-0.019 (0.18)	3	1
是否为激进型农民	0.541 (0.499)	0.567 (0.498)	0.513 (0.502)	0.054 (-0.82)	1	0
自然灾害是主要的风险来源	0.966 (0.182)	0.983 (0.129)	0.947 (0.225)	0.036 (-1.53)	1	0
农民合作社	0.823 (0.803)	0.762 (0.654)	0.883 (0.951)	0.042 (0.31)	1	0
2011~2013 年购买农作物保险	0.502 (0.501)	0.233 (0.425)	0.788 (0.411)	-0.554*** (1.011)	1	0
2011~2013 年购买其他保险	0.442 (0.293)	0.401 (0.264)	0.487 (0.320)	-0.087 (0.065)	3	0
当地天气预报准确	0.970 (0.171)	0.958 (0.201)	0.982 (0.132)	-0.024 (1.071)	1	0
预计 2015~2020 年有洪水	0.498 (0.501)	0.492 (0.502)	0.504 (0.502)	-0.013 (0.192)	1	0
灾后补贴	0.500 (0.238)	0.912 (0.474)	0.087 (0.002)	0.082 (0.268)	1	0
政府救济的重要性	3.197 (1.524)	3.083 (1.559)	3.319 (1.484)	-0.235 (1.183)	1	0
政府贷款补贴	0.505 (0.474)	0.897 (0.507)	0.112 (0.041)	0.071 (0.161)	1	0

续表

变量	总样本	受洪水影响的农户	未受洪水影响的农户	平均差	最大值	最小值
农业保险宣传	0.811 (0.288)	0.873 (0.51)	0.751 (0.065)	0.058 (0.327)	1	0
保险价格	1.585 (3.85)	2.113 (4.33)	1.062 (3.27)	0.698 (0.724)	6	0
观察值	233	120	133	—	—	—

注：括号中为标准误，＊表示 $p < 0.10$，＊＊表示 $p < 0.05$，＊＊＊表示 $p < 0.01$。

本章中样本的风险倾向平均得分为 2.89（总分为 6），说明大部分农户愿意接受平均风险与平均回报的投资项目。由于农民往往不愿提供详细的财务信息，家庭总收入是有序的分类变量，本章将其分为 7 个级别，1 是 "20000 元以下"，2 是 "20001～40000 元"，3 是 "40001～60000 元"；4 是 "60001～80000 元"，5 是 "80001～100000 元"，6 是 "100001～150000 元"，7 是 "150001 元以上"。样本中大部分农户的家庭收入为 60000 元以下，其中 98% 户家庭依靠农业作为其主要收入来源。

如果农户参加农民合作社为 1，否则为 0，该指标平均值为 0.823。由于政策支持，调研地区大部分的村庄有水稻农民合作社，大部分农户参与其中；而受灾地区绝大部分农户都得到了政府的灾后补贴。有政府贷款补贴为 1，否则为 0，其平均值为 0.505，说明约有 50% 的农户接受过政府的贷款补贴。接受过农业保险宣传为 1，否则为 0，其均值为 0.811。说明样本地区农业保险宣传活动较多，农户可能更熟悉保险产品，可能会受其影响而购买。

五、模型的设计与回归结果分析

本章主要研究农户对天气指数保险的购买意愿，是一个二元变量，因此采用 Logit 模型分析个体特征（受教育程度、财富、风险倾向程度等）、政府救济及补贴、天气指数保险的价格、有无农业保险宣传以及是否参加合作社等自变量对农户天气指数保险购买意愿的影响。因变量 y 表示农户是否有意愿购买天气指数保险产品，农户愿意购买天气指数保险时定义 $y_i = 1$，否则 $y_i = 0$。农民选择购买天气指数保险（$y_i = 1$）的概率可以表示为：

$$P(y_i = 1) = \frac{\exp(\alpha f_i + \beta x_i)}{1 + \exp(\alpha f_i + \beta x_i)} \qquad (3-2)$$

其中，x_i 代表农户 i 的个体特征（受教育程度、财富、风险倾向程度等）以及外部因素；而 f_i 是一个二进制变量，表示第 i 个农户家庭是否遭受了 2013 年洪水的影响。根据以往研究，受 2013 年洪水影响的农户对天气指数保险会更感兴趣，因此，我们对 a 的估计值是正数。回归结果如表 3-3 所示。

表 3-3   天气指数保险购买意愿影响因素的回归分析

变量	受灾农户（实验组）	非受灾农户（控制组）
受灾情况	0.981 *	0.056 **
	(0.467)	(0.213)
农户年龄	5.818 ***	2.940 *
	(0.042)	(0.121)
农户受教育程度	3.206 *	2.580 **
	(0.034)	(0.091)
生产规模	0.963 *	0.421 *
	(0.043)	(0.022)
总收入	0.234 ***	0.387 **
	(0.017)	(0.221)
家庭风险倾向	-2.189 ***	-1.470 *
	(0.042)	(0.017)
以往购买保险的经验	2.651 **	2.992 **
	(0.021)	(0.230)
是否参加农民合作社	-1.349	-3.545
	(0.423)	(0.701)
政府贷款补贴	-2.129 *	5.210
	(0.031)	(0.671)
有无灾后补贴	-1.164 **	-4.811
	(0.039)	(0.154)

续表

变量	受灾农户（实验组）	非受灾农户（控制组）
农业保险宣传	-2.178	-1.092
	(0.755)	(0.231)
天气指数保险的价格	-6.795***	4.790
	(0.045)	(0.149)
观察值	512	512
伪 R^2	0.210	0.114
卡方	65.275	52.191

注：括号内为标准误，＊表示 $p < 0.10$，＊＊表示 $p < 0.05$，＊＊＊表示 $p < 0.01$。

模型估计结果表明，在2013年洪水中遭受损失这一变量在两个组别中均显著，可以看出自然灾害的经历改变了农民对天气指数保险的购买意愿。

由表3-3的回归结果可知，变量受灾情况、农户年龄、农户受教育程度、生产规模、总收入、家庭风险倾向、以往购买保险的经验在两组农户中均通过了显著性检验。说明无论是否遭受自然灾害，这些因素都是影响农户购买天气指数保险的主要因素。变量政府贷款补贴、有无灾后补贴以及天气指数保险的价格仅在受灾农户组（实验组）中显著。变量是否参加农民合作社、农业保险宣传在两组农户中均未通过显著性检验，说明其对支付意愿没有影响，不具有统计学意义。由于除了政府贷款补贴、有无灾后补贴以及天气指数保险价格变量在两组农户中的显著性不同，其他变量的显著性及方向均相同，而本章主要分析自然灾害的影响，所以下文的分析主要以实验组的农户的系数及显著性为主。

受灾情况变量与农户的购买意愿呈显著正相关，其系数为0.981，且在10%的水平上通过了显著性检验。即遭受过自然灾害的农户对天气指数保险的购买意愿更高。洪灾所造成的损失往往是农户无法承受的，农户需要有效的天气风险管理手段来分散自然风险。而天气指数保险是针对天气灾害设计的，所以有过灾害经历的农户更愿意接受。这验证了本章的假说一。

农户的年龄变量和以往农业保险购买经验变量均与农户的支付购买意愿呈

显著正相关，系数分别为5.818、2.651，分别在1%与5%的水平上通过了显著性检验；说明农户年龄越大，购买保险的经验越丰富，农户对天气指数保险的购买意愿越高。可能的原因是，随着农户年龄的增加，其生产所积累的经验也就越多，与以往保险购买经验一样，随着我国农村普及农村医疗等保险，农户享受到了保险带来的益处。因此，以往购买过相似保险产品的农户对天气指数保险特点与作用机理还更容易理解和接受。所以当为其提供天气指数保险时，积累的关于保险的经验潜意识地刺激农户愿意购买天气指数保险。

农户受教育程度变量与农户的支付购买意愿呈显著正相关，其系数为3.206，且在10%的水平上通过了显著性检验。说明农户受教育的程度越高，对天气指数保险的支付意愿越高；在调研中了解到，受过高等教育的农户往往懂得规避风险。调研地区属于东北粮仓，由于国家政策的扶持以及近些年的广泛宣传，农村养老保险、医疗保险的大力推进，农户对保险比以前更熟悉，受教育程度高的农户往往更了解保险的作用，因此受教育程度越高的农户越愿意购买指数保险。

生产规模变量与农户的支付购买意愿呈显著正相关，其系数为0.963，在10%的水平上通过了显著性检验。说明生产规模越大的农户，对天气指数保险的购买意愿越高。综合描述性分析可知，农户的生产规模越大，其所面临的生产风险也就越大，所以出于马斯洛安全需求考虑，农户亟须天气指数保险来分担风险。

家庭总收入变量与农户的支付购买意愿呈显著正相关，其系数为0.234，在1%的水平上通过了显著性检验，即农户家庭总收入越多，对天气指数保险的购买意愿越高。家庭收入较多的农户可配置资源较多，购买天气指数保险对其而言成本较低，所以高收入的家庭更愿意购买天气指数保险。

家庭风险倾向变量与农户的购买意愿呈显著负相关，其系数为 - 2.189，且在1%的水平上通过了显著性检验。即越倾向于高风险高回报的农户，对天气指数保险的购买意愿越低。这说明家庭风险倾向得分越高的农户，其风险承受能力越强，因此更愿意自己承担风险，而不是购买保险。调研中的访谈发现，越是愿意冒风险的农户，他们的生产活动也越分散。他们不仅从事农业生产，还从事非农业生产，如开零售部、药店、从事农产品加工等，因其家庭经济来源渠道多、抗风险能力强，当灾害发生时，其风险承担能力高于其他风险规避型农户，所以他们对天气指数保险的购买意愿相对较低。

政府贷款补贴与灾后补贴变量与农户的购买意愿呈显著负相关，其系数分别为 -2.129、-1.164，并分别在 10% 及 5% 的水平上通过了显著性检验。这说明政府补贴与农业保险往往有互为替代的作用。当政府为受灾农户提供补贴时，农户就会产生依赖心理而不购买指数保险。所以政府补贴越多，农户对天气指数保险的需求也就越弱。天气指数保险价格变量的系数为 -6.795，且在 1% 的水平上显著，这说明随着天气指数保险价格的提高，农户的需求越来越低，这遵循供给与需求曲线的一般规律，一般价格越高，农民对其需求就越低。综合上述，本章的假说二得到验证。

六、试验组与控制组差异分析

将控制组与试验组做对比后，本章发现未受灾农户除政府贷款补贴、灾后补贴、天气指数保险的价格这三个变量与受灾农户支付意愿有差异外，其余因素对农户支付意愿显著且影响方向一致；结合统计性描述分析，原因可能是未受灾农户没有受到政府的贷款补贴、灾后补贴等优惠政策的影响，农户对这些变量的敏感程度低，并且几乎没有什么损失，其对补贴重要程度的评价标准很难确定。再者，未受灾农户之前购买的农业保险并未发挥效果，大部分未受灾农户对天气指数保险的接受程度较低，所以天气指数保险价格等变量没有通过显著性检验，不具有统计学意义。

七、稳健性检验

为了进一步检验回归结果的稳健性，将所有变量分为两组：未受灾型农户和受灾型农户，然后运用 Blinder - Oaxaca 分解方法，对不同受灾类型农户的支付意愿差异进行分析。

从两组农户的差异分解结果来看，两组受灾类型不同的农户支付意愿差异为 0.275，Z 值为 3.530，说明两者的差异是显著的；差异中的 61% 是由禀赋造成的，22%是由系数差异造成的，差异中15%是由禀赋差异和系数差异共同作用引起的。

Blinder - Oaxaca 分解的结果证明了模型的回归结果是稳健的，即受灾类型的不同影响了农户对天气指数保险的支付意愿，分解结果如表3-4所示。

表3-4　受灾与非受灾农户天气指数保险购买意愿差异Blinder - Oaxaca 分解结果

	Coef.	Std. Err.	z	P > z
Group_1	0.414	0.024	17.560	0
Group_2	0.261	0.041	8.800	0
Difference	0.275	0.047	3.530	0.030
Endowments	0.091	0.036	1.890	0.102
Coefficients	0.042	0.053	2.410	0.016
Interaction	0.020	0.044	0.980	0.326

第四节　主要结论

本章选取了遭受自然灾害与未遭受灾害的农户，他们有着相似的人口统计学与社会经济学特征。采用准自然实验法分析了农户自然灾害经历对其指数保险购买意愿的影响，研究发现，遭受洪灾变量与农户天气指数保险购买意愿呈正相关，并通过了显著性检验。遭受自然灾害与未遭受灾害两组农户对天气指数保险的支付意愿存在差异，造成差异的主要原因是资源禀赋的差异。

除了自然灾害经历，农户年龄、以往农业保险购买经验、农户受教育程度变量、家庭种植规模、家庭总收入变量与农户的支付购买意愿呈显著正相关，并且均通过了显著性检验。而家庭风险倾向、政府贷款补贴与灾后补贴变量以及天气指数保险的价格等变量，均与天气指数保险的支付意愿呈负相关。

第四章 天气指数保险对农户技术采用行为的影响

本书第三章主要研究农户对天气指数保险的需求及支付意愿，研究发现，农户愿意为保险支付一定的金额，新型农业经营主体对天气指数保险的需求比传统农户更高。而接下来将要研究的问题是天气指数保险对农户的生产行为是否会产生影响？这也是本书的重点研究内容。

第一节 文献回顾

农业技术是现代农业发展的重要驱动力，有助于提高产量以及改善农户生活，因此 2016 年及 2017 年中央一号文件均提出要"强化科技创新驱动，加强农业科技研究与推广"。农户是农业技术的受体和生产经营的主体，只有这一群体积极采用新技术，才能将农业科技转化为生产力，从而推动农业现代化的发展（赵肖柯等，2012）。然而在发展中国家，由于许多自然风险未被保险覆盖或者许多地区并未提供正式的保险产品，农户收入低、资源有限、抗风险能力较弱的特点导致其一旦遭遇自然灾害将很容易陷入贫困陷阱，这使农户在技术投资方面异常谨慎，往往会选择低风险、低回报的生产活动来规避风险（World Bank，2008；Nicola 和 Francesca，2012；Carter 等，2014；Carter 和

Lybbert，2012；Lybbert 和 McPeak，2012；Zimmerman 和 Carter，2003；储小俊和曹杰，2012）。农业生产中较高的自然风险严重限制了农户对技术采用的选择空间，这将会限制农业生产率提高，进而阻碍了农业现代化发展。因此，降低极端自然天气对农户的影响，改善农户面临的风险配给，对促进农户技术投资及农业可持续发展至关重要（Dercon，2004；Miranda 和 Vedenov，2001；Skees 等，2001）。

然而我国现行的农业保险运营成本较高，过度依赖财政补贴，同时存在道德风险、逆向选择和系统风险等问题，影响了农业保险覆盖面的扩大与保障作用的发挥，农业保险的可持续经营也受到挑战（庹国柱等，2012；冯文丽等，2012；Barnett 和 Mahul，2007；Skees，2008；Miranda 和 Farrin，2012）。天气指数保险作为一种创新产品，能够有效规避传统农业保险中存在的道德风险以及逆向选择等问题，并且由于其天气指数与自然灾害直接相关，在转移巨灾风险方面潜力巨大，适合低收入国家农户用来管理风险（Barnett 和 Mahul，2007；Skees，2008；武翔宇，2011；Miranda 和 Farrin，2012）。

回顾已有文献发现，国内关于天气指数保险的研究主要集中在其可行性、优劣势、试行中遇到的问题、农户对其需求等方面（陈盛伟，2010；武翔宇，2011；谢玉梅，2012；吕开宇等，2014；程静和陶建平，2011；孔荣等，2010）。非洲地区试行天气指数保险较早，许多国外学者对该地区农户的需求及支付意愿进行了深入研究。Carter 等（2014），Heenkenda（2011），Clarke（2011）研究发现，非洲农户的需求是较低的，产品本身的不确定性、农户风险态度的不确定性及基差风险的存在降低了农户的需求。

除了针对需求的研究以外，由于天气保险能够提高农户抵御天气风险的能力，国外学者开始研究天气指数保险对农业生产、投资及农户福利的影响。在理论研究方面：De Nicola 和 Hill（2013），Elabed 等（2013），De Nicola（2015）发现，指数保险在帮助农户消除信贷约束后，促进了农业生产规模扩大、增加生产投资、促进了消费，从而增加了农户福利。Karlan 等（2014），Jensen 等（2014a），Carter 等（2014）则论证了指数保险需在一定的环境和条件下才能有效刺激小农对改良技术的采用。在实证研究方面：Stein 等（2011）

对印度的研究表明指数保险与改良种子的采用有着较小的但显著的正相关关系。Freudenreich 和 Mushoff（2016）则验证了不同保险方案对农户采用高收益种子均有显著促进效应。Hill（2012），Karlan 等（2014）研究发现，天气保险对农户扩大农业投资以及选择风险更高的产品有着显著的作用。此外，Farrin 和 Miranda（2013），Carter 等（2011）以及 Miranda 和 Gonzalez – Vega（2011）发现指数保险可以覆盖农业生产风险且赔付标准化，降低了金融机构对农户的贷款风险，如果农业保险与涉农贷款信息互通并联动，可以缓解农户的信贷约束，使农户有机会获得信贷资金去采用收益率较高的农业技术；而且将指数保险的赔偿直接支付给贷款者，贷款用于技术方面投资的可能性将大幅度增加。不过也有学者得出不一样的结论，Giné 和 Yang（2009）运用田野实验方法实证发现由于农民已经从贷款合同中的有限责任条款中获得了隐性保险，因此，为贷款提供额外的指数保险并不会显著地促进农户对改良产品的投资。

国外文献中虽有学者实证研究了天气指数保险对农户技术采用的影响（Giné 和 Yang，2009；Stein 等，2011；Carter 等，2011；Nicola 和 Francesca，2012；Hill，2012；Karlan 等，2014；Farrin 和 Miranda，2013），但均以非洲及东南亚、南亚地区的农户为研究对象，针对中国农户的实证研究较匮乏，原因主要在于：天气指数保险在中国试行的范围小、时间短、参保率低，通过调查问卷获得的某试点数据并不能动态反映农户的决策过程；中国虽为发展中国家，但与非洲国家在农业生产条件、外部金融环境等方面显著不同，以上述国家为样本的研究结论并不适用于我国。

鉴于此，本章采用田野经济学实验方法，以黑龙江省和江苏省的 344 个农户为样本，获取农户在提供天气指数保险的情境下关于技术采用行为的动态数据，利用面板双重倍差模型（Panel – DID）实证分析天气指数保险对农户技术采用行为的影响。研究发现，天气指数保险分散自然风险后对农户技术采用具有促进效应；从地区差异来看，天气指数保险对黑龙江省农户技术采用具有显著促进作用，但对江苏省农户影响不明显；此外，天气情况、种植规模、农户的风险偏好以及政府补贴也是影响农户技术采用的重要因素。

与前人的研究相比，本书的贡献体现在：第一，在国内相关研究中，首次采用实证研究的方法规范、系统地考察天气指数保险对农户技术采用行为的影响，从一个全新的角度分析了天气指数保险的效用。第二，本章采用框架田野经济学实验的方法获取农户在购买天气指数保险后的生产行为数据，克服了传统的问卷调查只能获得静态数据的缺点，预期研究结论更加严谨、可信，有助于天气指数保险以及农业技术在我国的推广。

第二节　理论分析与假说提出

农户在生产决策时面临两种技术决策：一种是种植风险低、成本与收益也低的传统技术；另一种是风险较高、成本与收益也高的创新技术。假设自然风险是农业生产面临的主要风险，当遭遇自然风险时，创新技术因为投资大而遭受更大的损失。因此，农户在进行技术投资决策时，除了受家庭财富禀赋的影响外，还要受到外界自然条件的影响。根据理性经济人假设，农户的投资决策就是在既定的约束条件下达到效用最大化，那么只有选择创新技术的效用大于传统技术的效用时，农户才会选择创新技术。与其他部门不同，自然风险造成的不确定性对农业部门的决策产生重大影响。大多数农民都是风险厌恶的，往往对采用具有高盈利能力和高风险的创新技术犹豫不决，并且由于缺乏事前和事后风险管理策略，可能会选择维持现有的低风险、低生产率技术。保险有两个功能：一是通过减少信贷配给，促进农民事先采用具有较高预期收益和差异的先进生产技术；二是当因异常天气事件而经历大的季节性波动时，它可以帮助农村家庭顺利消费。保险通过允许农民转移风险，使农村家庭能够进行风险投资，从而达到帕累托优先状态。在保险市场快速增长的国家，设计更好的保险合同可以帮助缓解天气冲击，并增加农户对化肥、雇佣劳动力、灌溉和农药的投资，这有助于农民选择在聚合社会中实现潜在的帕累托改进福利。通过分散个人风险，保险可以通过减少产出差异和提高农民的冒险能力来有效对冲自然灾害，从而可以改善创新技术的资源配置。理论推导过程如下：

假设农民拥有资源禀赋 A_0，可以在风险投资（创新技术）和无风险替代方案（传统技术）之间进行分配。根据 Ahsan 等（1982）的研究，我们分析了农民有保险和没有保险时的资源配置。

农业生产函数为 F（.）；风险投资的边际生产率为正但是递减：

$$F' > 0 \text{ 和 } F'' < 0 \tag{4-1}$$

假设创新技术的预期边际产品超过传统技术的预期边际产品。农业生产面临不确定性，恶劣天气是主要风险。为简单起见，假设有两种天气。恶劣天气发生的概率是 p，农民将没有收入；正常天气发生的概率为（1-p），农民保留 F_A 的总产量。因此，农民投保前的总收入可以定义为：

当正常天气发生时：$Z_1 = F_A + r（A_0 - A）$ $\tag{4-2}$

当恶劣天气发生时：$Z_2 = r（A_0 - A）$ $\tag{4-3}$

其中，Z_i 为无保险情况下农民的纯收入，r 为无风险边际率，A_0 为农民的资源禀赋，A 为在风险投资中分配的资源禀赋。

假设农民们都有保险合同，那么农民投保后的纯收入可以表示为：

当正常天气发生时：$Y_1 = F_A + r（A_0 - A） - aqA$ $\tag{4-4}$

当恶劣天气发生时：$Y_2 = aF_A + r（A_0 - A） - aqA$ $\tag{4-5}$

其中，Y_i 是农民的纯收入与保险，a 是保险覆盖水平，q 是保险费。假设农民是风险厌恶者，期望效用最大化。那么效用函数是正的，但边际效用递减，即 $U' > 0$ 和 $U'' < 0$。期望效用可以表示为：

$$V - （1-p）U_{Y_1} + pU_{Y_2} \tag{4-6}$$

其中，V 表示期望效用，U（.）表示农民收入效用函数，p 表示恶劣天气发生的概率。最大效用可求解为：

$$MaxV = （1-p）U_{Y_1} + pU_{Y_2} \tag{4-7}$$

效用函数最大值的一阶条件为：

$$\frac{\partial V}{\partial a} = -p(1-p)F_A U'_{Y_1} + p(1-p)F_A U'_{Y_2} = 0 \tag{4-8}$$

$$\frac{\partial V}{\partial A} = -p(1-p)(F'_A - r - aqF'_A)U'_{Y_1} + p(aF'_A - r - aqF'_A)U'_{Y_2} = 0 \tag{4-9}$$

在式（4-8）中，如果 a 处于最优值，给定效用函数的凹性。然后：

$$U'_{Y_1} = U'_{Y_2}, \quad Y_1 = Y_2 \tag{4-10}$$

因为 U'_Y 不等于 0。由式（4-9）可知，用于风险投资的资源最优配置需要：

$$(1 - p) \ F'_A = r \tag{4-11}$$

这表明，当规避风险的农民购买最优保险合同时，他们会通过将期望边际产量与无风险投资收益相等来配置风险农业投资中的资源。它也适用于风险中性的农民。这意味着在购买保险的情况下，部分农民的风险承担能力有所提高。

通过比较有保险和没有保险的农民的资源配置，可以清楚地看出保险的风险分散作用。在没有保险的情况下，最大效用为：

$$MaxV = \ (1 - p) \ U_{Z_1} + pU_{Z_2} \tag{4-12}$$

其中，Z_i 是没有保险的农民的纯收入。由于 F 和 U 是凹的，其最大化的充要条件为：

$$(1 - p) \ (F'_{A_n} - r) \ U'_{Z_1} = prU'_{Z_2} \tag{4-13}$$

f 和 n 分别表示有保险和没有保险。

因为 $Z_1 > Z_2$，那么，$F'_{A_n} > \dfrac{r}{1 - p}$ $\tag{4-14}$

当农民购买保险时，$F'_{A_f} = \dfrac{r}{1 - p}$ $\tag{4-15}$

然后，$A_f^* > A_n^*$ $\tag{4-16}$

A^* 表示有值和无值的最优资源分配。

正如预期的那样，当农民购买全覆盖保险时，他们会把更多的资源分配到风险耕作上。综上所述，天气指数保险[①]通过转移自然风险提高了农民抵御风险的能力。农民将在风险投资中配置更多的资源。因此，我们提出假设：天气指数保险将促进农民采用创新技术。

---

① 传统保险之所以没有这个功能，是因为如引言所述，传统保险的赔款是由保险公司根据现场损失确定的，农民无法预测。另外，还有道德风险。天气指数保险的合同是标准化的，天气条件越差，农民得到的补偿越多。农民可以自己根据天气指数计算赔偿。

第三节　数据来源与实验设计

一、数据来源

本章数据来源于课题组 2017 年 7 月对黑龙江省松花江流域的木兰县、哈尔滨市呼兰区、通河县以及江苏省灌云县、句容市农户的调研。共收回 344 个有效样本，4 年面板数据共获得 1376 组观测值，如表 4 – 1 所示。选择这几个地区的原因为：第一，木兰等县为黑龙江优质水稻主产区，均濒临松花江流域，降雨量充沛的年份经常遭遇洪涝灾害，因此该地区农户多重灾害农作物保险参保率较高；该地区曾于 2013 年发生特大洪灾，预期该地区农户对天气指数保险较易理解与接受。第二，江苏省农业保险的改革和创新一直走在全国前列，故于苏南苏北各随机抽取了一个县作为研究样本。以期比较南北方农户在技术采用方面的差异。

表 4 – 1　样本分布情况

省份	样本市	样本乡（镇）数	样本村数	样本农户数
黑龙江	木兰县	4	8	75
	哈尔滨市呼兰区	3	6	71
	通河县	2	4	63
江苏	连云港市灌云县	4	8	87
	句容市	3	6	48

实验前通过村委会获取村民名单，然后从中随机抽取满足下列条件的农民：第一，从事种植业的年限在 10 年以上；第二，参与家中生产决策；第三，受过小学以上教育。以保证被试者能够正确理解关于生产技术选择、保险购买等实验情境，确保实验最大限度地贴近现实，提高研究结论的准确性与外部有

用性。

二、田野经济学实验设计

(一) 实验方法的选择

实验经济学是在一定控制条件下研究被试者的决策过程或行为选择的科学，主要包括实验室实验以及田野实验。田野实验是运用科学的方法检验真实世界中（或自然发生的环境下）发生的扰动（如某项政策）对人们行为决策的影响。田野实验选择真实世界中的参与者作为被试对象，交易物品、实验任务、被试者的实验信息均是真实的，克服了实验室实验在外部效度上的缺失，其结论更易推广到真实世界。与问卷调查相比，本实验通过模拟连续4年的生产情况，研究不同保险水平的农户在不同气候条件下的生产技术选择，动态地考察了农户的技术选择决策，克服了调查问卷只能获得某一时点指标的缺点。国外许多学者运用框架田野实验方法研究某些特定因素对农户生产行为或决策的影响。本章借鉴上述成果构建了框架田野实验，研究天气指数保险对农户技术采用的影响。

(二) 控制组与处理组的划分

田野实验从总体中随机选取被试样本并分为控制组与处理组，在控制其他因素不变的情况下对处理组进行干预，通过比较两组被试数据测度变量的因果效应。由于被试者是随机分配的且实验中处理组水平完全独立于个体特征和其他可能影响实验的因素，有效避免了遗漏变量和内生变量偏差等问题。本实验的目的是分析天气指数保险对农户技术采用的影响，因此，将农户随机分为未提供天气指数保险的控制组和提供天气指数保险的处理组，分别进行4轮实验，每一轮代表一个实际种植周期。处理组前两轮实验无保险，后两轮提供保险；控制组全程均无保险。两组农户在其他条件相同的情境下做出选择：种植低风险、低收益的传统技术；或者风险较高、更易受天气影响、成本与收益也高的创新技术。

(三) 外部效度

为了确保实验设计的外部效度，本章还需要探讨实验中其他可能影响农户技术选择的社会经济学因素，以确保实验最大限度地贴近现实情况。

第一，前期调研发现，当地影响农户收入的技术主要包括改良种子、新型化肥与农药。其中，种子对种植产量影响最大，农户对其选择最重视，每年春耕前会去各大种子基地参观选种。因此本实验选择种子作为农业新技术代表，预期更具代入性。

第二，流动性约束。实验中农户可能因为坏天气而面临资金约束甚至破产，这会影响到其接下来的技术选择。由于本实验仅关注风险配给而非信贷配给对农户技术选择的影响，因此，当农户因坏天气而面临破产时，假设农户可以从亲朋好友或者农村金融机构处获得资金继续生产，所补足的资金在最后一轮年末收益中扣除，防止引入贷款后混淆保险对投资的影响（Farrin 和 Miranda，2013；Carter 等，2011；Miranda 和 Gonzalez－Vega，2011）。

第三，同伴效应。农户会受到同伴影响而做出跟风决策（Munshi，2004）。为尽可能减少这种同伴效应和社交网络对农户技术选择的影响，实验中由每个实验员负责 4 位被试者，并用间隔板将他们分开，不允许互相交流。如有问题由实验员进行指导，以确保样本独立决策。为避免农户受实验员语言表达的影响，实验前对实验员进行培训并编制实验手册，实验信息与任务均使用中性语言表述，确保每位被试接受的信息是无差异、无暗示性的。

第四，现状偏好。现状偏好意味着人们倾向于保持过去做出的选择。为了避免这种偏好，农民们抽签决定每轮结束时的天气。不同的天气导致收入的变化，这使得农民需要重新思考和选择技术，而不仅是重复前一轮的选择。实验结束后，如果农民的选择在四轮实验中保持不变，实验员会问一些问题，以判断他的选择是基于现状偏见还是经过思考后的选择。在总样本中，约 30% 的农户的选择保持不变，比较接近现实。

第五，天气指数保险产品的理解。由于调研地区未试行天气指数保险，确保被试者正确理解该产品的运作机理及赔偿机制是保证实验成功的前提。在引入保险前先进行一个关于指数保险的小游戏，一方面帮助农户理解该产品，另一方面引导农户进入实验情境。游戏结束后检验被试者的理解，回答正确后方可继续进行实验。根据当地的气候条件，天气指数保险设计为水稻气温与降雨量复合指数保险，保险条款根据已试行过该产品的安徽国元保险公司的保险合同设计。

（四）实验情境的设置

前期的预调研发现，两个样本地区的农业技术主要包括新种子、新型化肥与农药等。其中，种子对产量影响最大，农户最重视。因此，本实验选择创新种子作为新技术的代表。

为了简化实验，为每个农户提供了相同的初始资源禀赋：土地 10 亩，启动资金 11200 元，生活成本为 5000 元。天气情况简化为受灾与不受灾两类，由农户在每轮实验结束后随机抽取，灾害天气的概率为 1/3。为避免农户受实验设定信息影响，将传统、创新种子分别标注为 1 号和 2 号。创新种子成本高于传统种子，但能够提高产量且更易受自然风险影响，在不良气候条件下农户损失更大。种子成本与收益等具体参数均根据预实验并参考农户真实生产情况设置，如表 4-2 所示。

表 4-2　天气指数保险对技术采用影响的实验条件基本设定　　　　单位：元

	种子成本	正常年份收益	受灾年份收益	消费支出	保费	保额
传统种子	6000	13000	0	5000	200	3000
创新种子	11000	21000	0	5000	200	3000

（五）实验流程

实验包括四个部分：帮助农户了解指标保险的游戏、技术选择的经济学实验、农户风险偏好的测试和简短的问卷调查。

1. 介绍天气指数保险的游戏

由于样本地区并未试行指数保险，大部分样本农户对天气指数保险不熟悉，而对保险的不了解会影响实验的效率。我们如何向参与者清楚地解释指数保险确保其准确理解该产品是保证实验效果的重要前提。因此，在正式实验之前，我们做了一个游戏来帮助他们了解指数保险条款和基差风险。

首先，向参与者介绍天气指数保险。天气指数保险是一种新产品。它的赔偿是根据与产量高度相关的合同天气指数（如降雨量或温度）计算的。在作物生长期间，当最近气象站的降雨量（温度）低于或高于保险合同中的天气指数时，所有投保的农户无论遭受多少损失都将获得相同的赔偿。

其次，参与者模拟生产，农户代表抽签确定作物生育期的降雨量（温度）。将其与合同指数进行比较；如果大于或小于合同指数，所有参与者得到相同的赔偿。参与者抽签确定个人损失，并将其与赔偿金额进行比较，两者之差即为基差风险。

最后，通过测试来评估参与者的理解。如果参与者不能正确回答问题，实验员会向他们解释产品的原理，直到他们给出正确答案后实验才正式开始。

根据当地气候情况，天气指数保险设计为水稻温度和降雨综合指数保险。保险条款以国元保险公司的合同形式出现，国元保险公司是我国第一家试行指数保险的公司。

2. 技术选择实验

实验员向参与者介绍实验任务，并分发带有实验参数的传单供他们参考。农户使用初始禀赋选择种子进行模拟生产，年度结束时由农户抽签决定天气状况，实验员据此计算农民该年度的净收入并结转为下一年度的启动资金。实验重复进行 4 轮，代表 4 个种植周期，以期考察不同天气条件下农户的技术抉择。前两年处理组与控制组实验条件一致，从第三年开始为处理组提供天气指数保险，然后农户需在购买天气指数保险的条件下继续进行生产决策，包含保险的实验进行 2 轮。实验流程如图 4-1 所示。

3. 测试农户风险偏好的游戏

农户的风险偏好影响其生产决策（Dercon 和 Christiaensen，2011；Ward 和 Singh，2015）。基于 Holt 和 Laury（2002），Brick 和 Visser（2015）的研究，我们设计了一个游戏来测试农户的风险偏好。

农户参与有两个选项的彩票游戏。选项 A 是获得一定数额的资金，从 3 元增加到 25 元。选项 B 是一场赌博，有 7 个黑球（代表价值为 0 元）和 3 个白球（代表价值为 50 元）。抽到黑球和白球的概率分别是 70% 和 30%。

农户需要在两个选项中做出选择：直接获得 3 元，还是参与抽球游戏。如

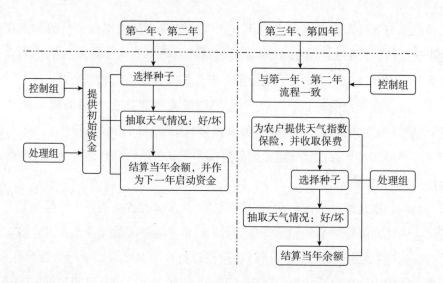

图 4-1 实验流程

果被试选择了选项 B，那么下次选项 A 的金额会增加 2 元，农户继续选择，直至其选择了选项 A。农户选择选项 B 的次数越多，其风险承受能力越高，因为选项 B 比选项 A 具有更多的不确定性。选择选项 B 的次数为农户的风险偏好得分，其取值范围为 0~12。分数越高，农户的风险偏好越强，如表 4-3所示。

表 4-3 风险偏好测试   单位：元

顺序	选项 A	选项 B（抽球游戏）	
1	3	黑球：0	白球：50
2	5	黑球：0	白球：50
3	7	黑球：0	白球：50
4	9	黑球：0	白球：50
5	11	黑球：0	白球：50
6	13	黑球：0	白球：50
7	15	黑球：0	白球：50
8	17	黑球：0	白球：50

续表

顺序	选项 A	选项 B（抽球游戏）	
9	19	黑球：0	白球：50
10	21	黑球：0	白球：50
11	23	黑球：0	白球：50
12	25	黑球：0	白球：50

4. 一个简短的问卷调查

通过问卷调查的方式收集家庭特征信息。每次实验持续 60 分钟。实验结束后，每位参与者得到 80 元人民币作为补偿，相当于当地工人两个半小时的工资。

第四节　基于 DID 的天气指数保险对农户技术采用的实证分析

一、模型选择

本章采用面板双重倍差模型（Panel – DID）进行实证分析。天气指数保险作为一个外部变量，一方面引起处理组农户拥有保险前后的技术选择产生差异；另一方面也会引起控制组和处理组农户技术采用产生差异，双重差异适合运用双重倍差模型（Panel – DID），模型如下：

$$\text{Tech}_{it} = \beta_0 + \beta_1 T + \beta_2 I_{it} + \beta_3 T \times I_{it} + \beta_4 X_{it} + \varepsilon_{it} \qquad (4-17)$$

其中，Tech_{it} 表示第 t 期第 i 个农户的技术选择；T 表示分组虚拟变量（控制组为 0；处理组为 1）；I 表示分期虚拟变量（提供天气指数保险之前为 0，否则为 1）；$T \times I$ 表示天气指数保险对农业技术采用行为的净影响；X_{it} 代表其他控制变量，包括农户个体特征、家庭特征、风险偏好等。

二、变量选取与描述性统计

（一）因变量

本章通过农户对传统种子与创新种子的选择情况来测度农户技术采用行为：当农户选择传统种子时赋值为 0，否则为 1。不同组别农户技术采用情况如表 4-4 所示。

表 4-4 不同组别农户技术选择及差异情况统计　　　单位:%

分组	第一年						第二年					
	传统种子		创新种子		Diff		传统种子		创新种子		Diff	
	人数	比例	人数	比例	人数	比例	人数	比例	人数	比例	人数	比例
控制组	40	23.26	132	76.74	92	53.48	36	20.93	136	79.07	100	58.14
处理组	51	29.65	121	70.35	70	40.70	46	26.74	126	73.26	80	46.52
Diff	11	6.39	-11	-6.39	-22	-12.78	10	5.81	-10	-5.81	-20	-11.62
分组	第三年						第四年					
	传统种子		创新种子		Diff		传统种子		创新种子		Diff	
	人数	比例	人数	比例	人数	比例	人数	比例	人数	比例	人数	比例
控制组	36	20.93	136	79.07	100	58.14	33	19.19	139	80.81	106	61.62
处理组	31	18.02	141	81.98	110	63.96	25	14.53	147	85.47	122	70.94
Diff	-5	-2.91	5	2.91	10	5.82	-8	-4.66	8	4.66	16	9.32

表 4-4 列出了农户技术选择的组内及组间差异：①整体而言，在四轮试验中，无论是控制组还是处理组，选择创新种子的比例均超过 70%，显著高于传统种子。调研中了解到样本地区经常有技术推广站的技术人员为农户开办讲座、种子公司的营销人员来推销新种子，农户对创新种子比较乐于接受。②从组内差异来看，处理组的采用意愿呈增长趋势。在第三、第四轮实验中处理组引入天气指数保险后，选择创新种子的农户比第一年分别增加了 11.63% 和 15.12%，比第二年分别增加了 8.72% 和 12.21%；控制组实验条件不变，选择情况也相对稳定；选择创新种子的农户比第一年分别增加了 2.33% 和 4.07%，比第二年分别增加了 0% 和 1.74%，变化幅度远小于处理组。③从组

间差异来看，前两轮实验中控制组中选择创新种子的比例比处理组分别高 6.39% 和 5.81%；引入天气指数保险后的两轮实验中，处理组却比控制组分别高 2.91% 和 4.66%，此时两组选择差异更为明显。由于技术选择还受农户风险偏好及其他变量的影响，上述结论只能初步说明天气指数保险对技术选择产生影响，尚须进一步的实证检验。

（二）控制变量的选取

本章借鉴褚彩虹等（2012），李后建（2012），Ward 和 Singh（2015），朱萌等（2016）的研究，将农户个体与家庭特征、自然灾害情况、风险认知等因素列为控制变量。由于实验条件已将农户家庭禀赋做了基本设定，故不再将其列为控制变量，主要变量的定义及统计描述如表 4-5 所示。

表 4-5　变量的描述性统计

变量	定义	全样本 Mean（Dev）	控制组 Mean（Dev）	Min	Max	处理组 Mean（Dev）	Min	Max
天气情况	第一年（遭灾 = 0；未遭灾 = 1）	0.733 (0.443)	0.75 (0.434)	0	1	0.715 (0.453)	0	1
	第二年	0.631 (0.483)	0.622 (0.486)	0	1	0.639 (0.481)	0	1
	第三年	0.765 (0.425)	0.825 (0.381)	0	1	0.703 (0.458)	0	1
	第四年	0.639 (0.481)	0.587 (0.494)	0	1	0.692 (0.463)	0	1
个体特征	省份（黑龙江省 = 0；江苏省 = 1）	0.385 (0.487)	0.335 (0.473)	0	1	0.435 (0.497)	0	1
	年龄（单位：岁）	51.302 (10.017)	51.823 (10.139)	26	77	50.782 (9.895)	27	74
	性别（男 = 1；女 = 0）	0.844 (0.371)	0.829 (0.377)	0	1	0.859 (0.366)	0	1
	受教育程度（单位：年）	7.305 (2.856)	7.059 (2.851)	0	16	7.553 (2.847)	0	16

续表

变量	定义	全样本 Mean (Dev)	控制组 Mean (Dev)	Min	Max	处理组 Mean (Dev)	Min	Max
家庭生产特征	从事种植业年数（单位：年）	27.938 (12.449)	28.341 (12.499)	2	55	27.535 (12.423)	2	57
	农业劳动力比重（单位:%）	0.854 (0.239)	0.863 (0.231)	0	1	0.845 (0.246)	0.2	1
	家庭实际种植规模（单位：亩）	79.897 (120.95)	93.860 (129.38)	1	1200	65.933 (110.51)	2	1100
自然灾害情况	近五年是否遭受自然灾害（是＝1；否＝0）	0.644 (0.479)	0.624 (0.486)	0	1	0.665 (0.473)	0	1
风险偏好	风险偏好程度（0～12）	6.079 (4.681)	6.658 (4.541)	0	12	5.500 (4.762)	0	12
政府补贴	是否有促进技术采用补贴（是＝1；否＝0）	0.156 (0.363)	0.141 (0.349)	0	1	0.170 (0.377)	0	1

由表 4-5 可知，两组农户个体特征等没有显著差异。样本主要为男性（约占 84.4%），受教育程度普遍为初中水平，从事农业生产时间平均为 27 年；家庭农业劳动力占比平均为 85%，家庭实际种植规模平均约 80 亩。约 60% 以上的农户近五年曾遭受自然灾害，损失约为正常年度收入的 40%。农户风险偏好均值为 6（该变量取值为 1～12），处于中值水平。目前针对新技术采用的政府补贴较少，仅有 15.6% 的农户表示有政府补贴予以支持。已有文献研究发现政府补贴因素也是影响农户技术采用的一个因素（李俊利和张俊飚，2011；陶群山等，2013；周波和张旭，2014；朱萌等，2016）。根据对样本地区多年气候情况的统计，实验中自然灾害的概率设计为 1/3。统计结果显示，农户抽到正常天气的概率为 60%～70%，基本符合实验设置。由于每一年的天气情况会影响下一年的技术选择，故使用天气情况的滞后一期作为控制

变量。

Dercon 和 Christiaensen（2011），Ward 和 Singh（2015），Ahsan（1982）的研究发现，风险态度影响农户的生产行为。为了考察农户不同的风险态度对其技术采用行为的影响，参照 Binswanger（1980）的研究，根据风险测试得分将实验参与者分为三类：风险得分在 0～4 分、5～8 分和 9～12 分的农户分别为风险规避型、风险中性和风险偏好型。规避风险的农户比例最高，达42.73%；风险中性的农户占18.9%，比例最低。如表 4-6 所示。

表 4-6　风险偏好分布　　　　　　　　　单位:%

风险规避			风险中性			风险偏好		
得分	人数	比例	得分	人数	比例	得分	人数	比例
0	50	14.53	—	—	—	—	—	—
1	56	16.28	5	17	4.94	9	26	7.56
2	14	4.07	6	11	3.20	10	12	3.49
3	9	2.62	7	22	6.40	11	1	0.29
4	18	5.23	8	15	4.36	12	93	27.03
合计	147	42.73	合计	65	18.90	合计	132	38.37

三、模型回归结果与解释

（一）Panel - DID 模型适用性检验

运用双重差分模型可以有效地避免内生性问题，但对照组和处理组需符合共同趋势假设，即两组之间可以有固定差别但时间趋势一致。如果两组之间存在显著的、由非政策因素造成的时间趋势差异，就会导致分析结果存在偏差。安慰剂检验法和检验历史数据通常被用来佐证双重差分法的有用性。本实验的数据只涵盖四年，无法使用历史数据验证。因此，本章采用安慰剂检验法，将控制组和处理组提供保险前的样本分别随机分配成"伪控制组"和"伪处理组"，并利用双重差分进行估计。如果交互项系数显著，说明组间时间趋势不同，不适用于双重差分模型；反之，则说明组间时间趋势相同，双重差分估计结果可靠。回归结果如表4-7所示,"伪处理组"与时间虚拟变量的交互项在三种模型中均不显著,说明控制组与处理组时间趋势相近,本章的分组合理、研究方法适用。

表4-7　安慰剂检验的回归结果

变量	(1) LOGIT	(2) FE	(3) RE
T×I	0.041	0.041	0.041
	(0.061)	(0.035)	(0.035)
控制变量	控制	控制	控制
F/chi2	4.730	1.350	16.870
Prob > F/chi2	0.000	0.260	0.155
T′×I	0.041	0.041	0.041
	(0.061)	(0.044)	(0.044)
控制变量	控制	控制	控制
F/chi2	6.710	14.950	53.490
Prob > F/chi2	0.000	0.000	0.000

注: *、**和***分别表示在10%、5%和1%的统计水平上显著;T×I表示将控制组样本随机分配成"伪控制组"与"伪处理组"两组后构造的分组变量与时间虚拟变量的交互项;T′×I则表示将处理组提供保险前的样本随机分配构造的分组与时间虚拟变量的交互项;括号内为标准误。

(二) 未引入控制变量的 Panel-DID 回归结果

为了保证模型的稳健性,本章同时使用 Logit 模型、固定效应模型(FE)以及随机效应模型(RE)进行 DID 回归。如果三种方式的交叉项系数统计特征一致,则说明模型较为稳健。回归结果如表4-8所示。

表4-8　天气指数保险对农户技术采用影响的基本 Panel-DID 回归结果
（未引入控制变量）

变量	(1) LOGIT		(2) FE	(3) RE
	系数	平均边际效应		
T	-0.326*	-0.055*	—	-0.610

续表

变量	(1) LOGIT		(2) FE	(3) RE
	系数	平均边际效应		
I	0.122	0.021	0.020	0.020
T×I	0.581**	0.097**	0.099***	0.099***
_cons	1.261***		0.748***	0.779***
F/chi2	14.860		18.370	36.840
Prob > F/chi2	0.0019		0.000	0.000

注：*、**和***分别表示在10%、5%和1%的统计水平上显著。

本章主要关注 T×I 的估计结果，它表示天气指数保险对农业技术采用行为的净影响。由表 4-8 可知，Logit 模型中 T×I 的系数为 0.097，在 5% 的水平上显著为正；在 FE 和 RE 模型中，T×I 的系数均为 0.099，并在 1% 的水平上显著，说明在控制了时变效应及差异效应后，天气指数保险对农户采用改良种子具有显著促进作用。提供保险后，农户采用改良种子的水平提高了 9.7 ~ 9.9 个百分点，这与本章的假说相符。由于创新种子产量受自然风险影响较大，较高的风险抑制了农户对新技术的采用，因此，当为农户提供风险管理手段、有效分散他们所面临的自然风险后，农户会更愿意采用新技术；这说明天气指数保险作为专门针对自然灾害而设计的风险管理手段，能够有效帮助低收入的农户规避自然风险以及降低灾后损失。

（三）引入控制变量的 Panel-DID 回归结果

为了进一步分析引入控制变量后 DID 估计结果是否稳健，把主要控制变量加入三个模型后进行 DID 估计，如表 4-9 所示。

表 4-9　引入控制变量的 Panel-DID 模型估计结果

变量	(1) LOGIT		(2) FE	(3) RE
	系数	平均边际效应		
T×I	0.454**	0.068**	0.106***	0.094***
	(0.182)	(0.027)	(0.023)	(0.021)

续表

变量	(1) LOGIT		(2) FE	(3) RE
	系数	平均边际效应		
天气情况	0.403**	0.060**	0.038*	0.045***
（滞后一期）	(0.174)	(0.026)	(0.020)	(0.020)
省份	0.296	0.044	—	0.027
	(0.212)	(0.032)		(0.051)
性别	0.491**	0.073**	—	0.065
	(0.209)	(0.031)		(0.053)
年龄	−0.027**	−0.004**	—	−0.003
	(0.014)	(0.002)		(0.003)
受教育程度	0.035	0.005	—	0.004
	(0.031)	(0.005)		(0.007)
农业劳动力比重	0.558*	0.083*	—	0.090
	(0.447)	(0.050)		(0.078)
种植规模	0.003***	0.0004***	—	0.002
	(0.001)	(0.0001)		(0.001)
种植年数	0.008	0.001	—	0.001
	(0.011)	(0.002)		(0.002)
是否遭受自然灾害	0.144	0.022	—	0.015
	(0.181)	(0.027)		(0.042)
风险偏好	0.071***	0.011***	—	0.010**
	(0.019)	(0.003)		(0.004)
是否有技术补贴	1.059***	0.158***	—	0.122**
	(0.295)	(0.043)		(0.056)
常数项	0.069***	—	0.737***	0.698***
	(0.732)		(0.018)	(0.169)
	Wald chi2 = 72.240		F (2, 686) = 12.220	Wald chi2 = 51.950
	Prob > F = 0.000		Prob > F = 0.000	Prob > chi2 = 0.000

注：*、**和***分别表示在10%、5%和1%的统计水平上显著。

由表4-9可知：

第一，引入控制变量后，三种模型中T×I的DID估计值仍然在1%的水平上显著为正，系数分别为0.067、0.106、0.104。除模型1的回归结果与表4-8中的系数有0.032的差异外，另两个模型的回归系数与表4-8中的回归结果基本一致。这说明在控制了其他可能影响农户技术采用的因素后，天气指数保险对农业技术选择仍具有正向净效应，进一步验证了购买天气指数保险的农户更愿意采用新技术，再一次验证了本章的假说。

第二，在控制变量中，滞后一期的天气情况在三种模型中均显著；政府补贴、风险偏好等因素在OLS模型以及随机效应模型中显著；年龄、种植规模、对新技术态度等因素则只在OLS模型中显著。

天气情况滞后一期变量在1%的水平上对农户技术采用具有显著的正向影响。这说明当上一期天气情况较好时，农户在下一期会更愿意采用新技术；而当农户上期遭遇自然灾害后，在下一期进行技术选择时，并不会显著倾向于采用新技术。

在农户个体与家庭特征变量中，性别变量在5%的水平上对技术采用具有显著正向影响。说明男性比女性更愿意采用新技术，这与许多学者的研究结果一致（李波等，2010；朱萌等，2015）。可能是由于男性具有决策主动权，且相对于女性更有冒险精神，愿意尝试新技术。农户年龄在5%的水平上显著负向影响农户技术采用行为，说明年长的农户对新技术的学习及接受能力相对较弱。农业劳动力比重在10%的水平上显著为正，说明当家庭劳动力仍主要集中于农业生产时，农业收入仍为家庭主要收入，因此更愿意采用新技术来避免自然风险以减少损失。家庭实际种植规模对技术采用在1%的水平上具有显著正向影响。这说明大规模种植的农户思想更开放并且具有一定的风险承担能力，因此种植规模大的农户更有意愿采用新技术。

风险偏好程度也是影响技术选择的重要因素并在1%的水平上显著为正，说明风险偏好的农户更关注收益、更愿意采用新技术。政府是否提供技术补贴也在1%水平上对农户技术采用产生显著正向影响。由于新技术风险较高，政府提供补贴可以部分覆盖风险，对新技术采用具有促进作用。

第五节　天气指数保险对不同省份
农户技术采用的影响

由于黑龙江省与江苏省在农业发展水平、自然条件、生产方式、农业保险与信贷市场的发展等方面存在差异，因此，本节将两省样本分别做 DID 估计（仅列出显著控制变量），以进一步分析两省农户在技术采用方面的差异及影响因素，如表4-10所示。

表4-10　天气指数保险对不同省份农户技术采用影响的 Panel-DID 回归结果

变量	黑龙江省				江苏省			
	(1) LOGIT		(2) FE	(3) RE	(4) LOGIT		(5) FE	(6) RE
	系数	平均边际效应			系数	平均边际效应		
T	-0.136	-0.021	—	-0.026	-0.459	-0.064	—	-0.073
I	-0.014	-0.002	0.0001	0.0001	0.205	0.028	0.029	0.029
T×I	0.827* (0.240)	0.130* (0.038)	0.118*** (0.029)	0.114*** (0.027)	0.394	0.055	0.062	0.062
天气情况	0.522** (0.229)	0.082** (0.036)		0.044* (0.025)	—	—		—
性别					1.378*** (0.479)	0.194*** (0.064)		0.240* (0.125)
年龄	-0.042** (0.021)	-0.007** (0.003)			—	—		—
受教育程度	—	—			0.122*** (0.045)	0.017*** (0.006)		0.017* (0.010)
农业劳动力比重	—	—			0.830** (0.421)	0.117** (0.057)		—

续表

变量	黑龙江省				江苏省			
	(1) LOGIT		(2) FE	(3) RE	(4) LOGIT		(5) FE	(6) RE
	系数	平均边际效应			系数	平均边际效应		
种植规模	0.002*	0.0003*	—	—	0.005**	0.0006**	—	—
	(0.001)	(0.000)			(0.002)	(0.000)		
种植年数	—	—	—	—	—	—	—	—
是否遭受自然灾害	—	—	—	—	0.723**	0.102**	—	—
					(0.304)	(0.042)		
风险偏好	0.055**	0.009**	—	—	0.074**	0.010**	—	0.010*
	(0.025)	(0.004)			(0.029)	(0.004)		(0.006)
是否有技术补贴	—	—	—	0.239**	0.687*	0.096*	—	—
				(0.105)	(0.375)	(0.052)		
_cons	0.937	—	0739***	0.954***	-0.939	—	0.723***	0.344***
F/chi2	9.390		5.760	32.650	51.910		2.810	32.120
Prob > F/chi2	0.000	—	0.001	0.002	0.000	—	0.039	0.002

注: *、**和***分别表示在10%、5%和1%的统计水平上显著。

由表4-10可知,综合两省样本的回归结果发现,天气指数保险对农户农业技术采用的影响具有地区差异性。黑龙江省样本T×I的DID估计值在三种模型中均显著为正。说明购买天气指数保险对黑龙江省农户采用改良种子具有显著促进作用;此外,天气情况、种植规模以及风险偏好因素也对黑龙江省农户技术采用决策有显著正向影响;年龄则具有显著负向影响。而江苏省样本三种模型中T×I的DID估计值均不具有显著性,说明为江苏省农户提供天气指数保险不一定能提高农户对新技术的采用;而且性别、受教育程度、农业劳动力比重、种植规模、是否遭受自然灾害、风险偏好以及政府补贴等因素均对江苏省农户技术采用具有显著正向影响。

江苏省的回归结果在引入控制变量后不显著,说明控制变量在天气指数保险对农户技术采用的影响中起到了抑制作用。因此,为进一步分析差异的原因，本章对样本的个体特征变量进行了分省的描述统计并进行独立样本 T 检验，以期通过对比两省农户的差异来揭示江苏省天气指数保险对农户新技术采用不显著的可能原因。数据结果如表 4 - 11 所示（仅列出 T 检验显著的变量）。

表 4 -11　不同省份重要变量的描述性统计以及独立样本 T 检验结果

变量	黑龙江省			江苏省			T - test
	Mean (Dev)	Min	Max	Mean (Dev)	Min	Max	
受教育程度	6. 919 (2. 724)	0	16	7. 896 (3. 192)	0	16	- 5. 985 ***
农业劳动力比重	0. 944 (0. 170)	0	1	0. 655 (0. 315)	0	1	18. 888 ***
种植规模	101. 531 (119. 573)	10	1200	43. 981 (113. 291)	1	710	9. 582 ***
种植年数	27. 507 (11. 939)	2	57	29. 007 (13. 270)	2	56	- 1. 620
是否遭受自然灾害	0. 799 (0. 401)	0	1	0. 385 (0. 487)	0	1	14. 905 ***

注：＊、＊＊和＊＊＊分别表示在 10%、5% 和 1% 的统计水平上显著。

结合表 4 - 11 所示结果，产生这种差异的原因分析如下：①黑龙江省农户家庭农业劳动力占比达到 94.40%，而江苏省为 65.50%，两个样本 T 检验在 1% 的水平上显著。说明相较于黑龙江省，江苏省农户兼业程度较高，农业收入对家庭总收入影响的程度、新技术带来的收益对家庭增收的效果均小于黑龙江省农户。农户没有动力去改变自己的农业生产行为，因此天气指数保险对江苏省家庭生产投资决策的影响不显著。②江苏省农户家庭种植规模平均为 43.981 亩，而黑龙江省则为 101.531 亩①，是江苏省的 2.3 倍。T 检验结果显

①　由于江苏省家庭农场等新型经营主体发展较快，规模农户占比越来越大；另外，本章中另一个样本地区黑龙江省家庭种植规模均值较大。基于上述两点考虑，在江苏省调研区域的每个村均选择一些规模农户做样本，因此，本章中江苏家庭种植规模的平均值远大于只包含小农户的平均值。

示两者间在 1% 的水平上存在显著差异。由此可见，黑龙江省农户更依赖农业收入，也就会更注重农业技术的创新。自然灾害增加了农业投资的风险，农民用于缓解风险的资源有限。规模化经营由于投资较大，一旦遭遇恶劣天气，其损失远大于小规模农户。天气指数保险对规模农户缓解风险的作用更大，进而更能促进其采用新技术；而小规模农户种植规模有限，没有足够的动力改变已有的生产模式。因此，种植规模可能是导致天气指数保险影响存在省际差异的另一个重要因素。③在黑龙江省的样本中，79.90% 的农户近五年遭受过自然灾害；而在江苏省该比例仅为 38.50%，变量也在 1% 的显著水平上显著，说明江苏省样本农户遭受自然灾害的概率低于黑龙江省农户，对自然风险的关注程度也小于黑龙江省农户。当黑龙江省农户采用创新技术时，遭受自然灾害而导致损失的可能性更大。天气指数保险会帮助农户分散风险，改变了他们对风险的感知，这可能引起他们的一些行为发生变化，开始愿意采用有风险的农业技术（Hill 等，2013）。导致天气指数保险分散风险方面的作用存在地区差异。④黑龙江省农户平均受教育程度为 6.919 年，江苏省则为 7.896 年，在 1% 水平上存在显著差异。前文实证分析结果发现，受教育程度对农户技术采用有显著的正向影响。这意味着受教育程度高的农户可能本身对新技术的接受意愿比较高，即使没有天气指数保险，这部分农户也会更倾向于选择新技术，因此是否提供天气指数保险对他们进行技术决策没有显著的影响。

除了上述可能的原因外，这种省际差异可能是由于两省的保险和信贷市场等未被观察到的变量造成的。在保险和涉农信贷方面，2017 年江苏省农业贷款 28271.2 亿元，保险费收入 2690.2 亿元，赔偿金额 915.1 亿元①。黑龙江省同期农业贷款 8518.3 亿元②，保费收入 9310.4 亿元，赔偿金额 240.5 亿元③。由此可见，江苏省的保险和信贷市场比黑龙江省发达。这些可能的外部环境因素不能包括在模型中。与黑龙江省农户相比，江苏省农户更容易进入金融市

---

① 资料来源：江苏省统计局：《财政总增长结构持续优化》，2018 – 09 – 30。

② 资料来源：黑龙江省银监局副局长李李兰 2018 年 3 月 15 日举行的银行业例行记者会。

③ 资料来源：黑龙江省财政厅官网，"2017 年黑龙江省保费收入 9310 多亿元，赔付 240 多亿元"，2018 – 03 – 21。

场，面临的风险约束也更少。这可能是江苏省气象指数保险的激励作用不如黑龙江省显著的原因。

第六节　稳健性检验

一、安慰剂检验

安慰剂检验通常被用来检验 DID 模型的适用性，实验中未参加保险的控制组与实验组被随机分配到伪控制组和伪实验组，然后采用 DID 模型估计两组的差异。如果交互项（T×I）的系数显著，说明两组的事件趋势相同，不适合用 DID 模型；否则，说明模型的回归结果稳健。本章利用安慰剂检验法检验本研究结论的稳健性。

表 4-12 中的回归结果显示，三个模型中的交叉项（T×I）系数均不显著，说明控制组和处理组具有相同的时间趋势，DID 模型的回归结果稳健。

表 4-12　安慰剂检验的回归结果

变量	（1）OLS	（2）FE	（3）RE
T×I	0.041	0.041	0.041
	(0.061)	(0.035)	(0.035)
控制变量	Control	Control	Control
F/chi2	4.73	1.35	16.87
Prob > F/chi2	0.0000	0.2600	0.1547
T'×I	0.041	0.041	0.041
	(0.061)	(0.044)	(0.044)
控制变量	Control	Control	Control
F/chi2	6.71	14.95	53.49
Prob > F/chi2	0.0000	0.0000	0.0000

二、T 检验

为了进一步检验本章结果是否稳健，对两组技术采用情况进行 T 检验再一次验证本假设。如表 4 – 13 所示。

表 4 – 13 天气指数保险对农户农业技术采用影响的 T 检验结果

Variable	Obs	Mean	Std. Err.	Std. Dev.
控制组（A）	688	0.644	0.018	0.479
处理组（B）	688	0.777	0.016	0.416
diff = mean（A）– mean（B）	—	– 0.134	0.024	—
H$_0$：diff = 0				t = – 5.526
Ha：diff < 0	Ha：diff = 0		Ha：diff > 0	
Pr（T < t）= 0.0000	Pr（｜T｜ > ｜t｜）= 0.0000		Pr（T > t）= 1.0000	

由表 4 – 13 可知，Pr（｜T｜ > ｜t｜）< 0.01，说明检验结果显著，两组农户技术采用情况具有显著差异；且 Pr（T < t）= 0.0000 < 0.01，说明处理组农户对新技术采用意愿平均值大于控制组农户，与前文研究结论一致，表明本研究结果稳健性较好，进一步验证了天气指数保险对农户农业技术采用具有促进作用的假说。

第七节 主要结论

本章运用田野经济学实验方法，采用 DID 模型、Probit 模型以及多项二元选择模型（Mprobit 模型）实证分析了天气指数保险以及"银保互动"产品对农户农业技术采用的影响，研究结果表明：

第一，天气指数保险在降低农户面临的风险后，有效提高了农户对新技术的选择。由于创新种子产量受自然风险影响较大，较高的风险抑制了农户对新技术的采用，因此，当为农户提供风险管理手段、有效分散他们所面临的自然风险时，农户会更愿意采用新技术。这说明天气指数保险作为专门针对自然灾害而设计的风险管理手段，能够有效帮助低收入的农户规避自然风险以及降低灾后损失。

第二，政府补贴、风险偏好等因素在 OLS 模型以及随机效应模型中显著；年龄、种植规模、对新技术态度等因素则只在 OLS 模型中显著。天气情况滞后一期变量在 1% 的水平上对农户技术采用具有显著的正向影响。这说明当上一期天气情况较好时，农户在下一期会更愿意采用新技术；而当农户上一期遭遇自然灾害后，在下一期进行技术选择时，并不会显著倾向于采用新技术。风险偏好程度也是影响技术选择的重要因素并在 1% 的水平上显著为正。说明风险偏好的农户更关注收益、更愿意采用新技术。政府是否提供技术补贴也在 1% 的水平上对农户技术采用产生显著正向影响。由于新技术风险较高，政府提供的补贴可以部分覆盖风险，对新技术采用具有促进作用。

第三，在农户个体与家庭特征变量中，性别变量在 5% 的水平上对技术采用具有显著正向影响。说明男性比女性更愿意采用新技术，这与许多学者研究结果一致（李波等，2010；朱萌等，2015）。可能是由于男性具有决策主动权，且相对于女性更有冒险精神，愿意尝试新技术。农户年龄在 5% 的水平上显著负向影响农户技术采用行为，说明年长的农户对新技术的学习及接受能力相对较弱。农业劳动力比重在 10% 的水平上显著为正，说明当家庭劳动力主要集中于农业生产时，农业收入为家庭主要收入，农户更愿意采用新技术来避免自然风险以减少损失。家庭实际种植规模对技术采用在 1% 的水平上具有显著正向影响。这说明大规模种植的农户思想更开放并且具有一定的风险承担能力，因此种植规模大的农户更有意愿采用新技术。

第四，天气指数保险对农户农业技术采用的影响具有地区差异性。黑龙江省样本 T×I 的 DID 估计值在三种模型中均显著为正。说明购买天气指数保险对黑龙江省农户采用改良种子具有显著促进作用；此外，天气情况、种植规模以及风险偏好因素也对黑龙江省农户技术采用决策有显著正向影响；年龄则具有显著负向影响。而江苏省样本三种模型中 T×I 的 DID 估计值均不具有显著性，说明为江苏省农户提供天气指数保险不一定能提高农户对新技术的采用；而且性别、受教育程度、农业劳动力比重、种植规模、是否遭受自然灾害、风险偏好以及政府补贴等因素均对江苏省农户技术采用具有显著正向影响。

第五章　天气指数保险对农户贷款
违约率的影响研究

　　第四章基于田野实验法，实证分析了天气指数保险分散自然风险后对农户新技术采用的促进效应，研究发现，除了天气指数保险，天气情况、种植规模、农户的风险偏好以及政府补贴也是影响农户技术采用的重要因素。本章依然采用田野实验经济学方法，分析天气指数在分散自然风险后对农户贷款违约率的影响。

　　农业是天然弱质性产业，自然灾害对其影响十分严重。如果一旦发生了大面积的自然灾害，并且没有有效的风险分担和转移机制，农民的收入和偿债能力就会受到严重影响，此时农村金融机构可能面临大规模的信贷违约。由于农业存在不可预测的系统风险，且农民缺乏有效的抵押品，因此农村金融机构在对农户实行信贷配给时会导致有信贷需求的农户无法获得贷款，并且农业生产资料供应商也不愿为农户提供赊销。如果上述问题得不到解决，就会抑制农村金融市场和农业现代化的发展。虽然现行的联保贷款制度能够在一定程度上替代信贷抵押品，帮助农户获取贷款，但农业生产中的系统风险容易引发联保小组集体违约，导致联保贷款的实施效果并不理想（魏建国，2014；任乐，2017）。为了有效降低农业生产中的自然灾害风险，提高农民获取贷款的能力，2009 年中央一号文件首次提出"探索建立农村信贷与农业保险相结合的银保互动机制"，随后于 2013 年及 2016 年的中央一号文件再次提出加强涉农信贷与涉农保险合作。

农业保险作为农业风险分担的基本机制，降低了农民收入的不确定性，同时还可作为抵押物的替代品降低农业信贷风险，提高农户的信贷可获性（刘祚祥，2012；张建军，2013；谢玉梅，2014）；有学者认为虽然指数保险可以扩大信贷规模，但由于指数保险提高了农户信贷违约时的最低福利水平，也可能存在负面溢出效应，易降低农户还款激励，从而产生更高的信贷违约率，导致农村金融机构的信贷配给更加严重，因此指数保险对农户信贷违约率的影响存在争议。

本章采用田野经济学实验方法，以黑龙江省 324 户农户为样本，运用二值选择模型实证检验天气指数保险对联保贷款制度下农户信贷违约率的影响。研究发现：第一，指数保险能够分散农业生产风险，降低自然灾害对农户收入和还款能力的影响，从而降低农户个人和联保小组信贷的违约率，提高联保小组的有效性。第二，农户社会资本影响其信贷违约率，社会资本越高的农户在拥有指数保险时会有更好的还款表现。第三，除天气指数保险外，农户认知社会资本、违约经历、种植收入等也是影响农户信贷违约率的主要因素，其中社会资本中的个人声誉与种植收入正向影响农户信贷违约率，而道德水平与违约经历具有负向影响。

本章利用科学严谨的田野经济学实验收集数据以及通过实证研究的方法分析农户购买与未购买指数保险的信贷违约情况，不仅丰富了天气指数保险与信贷违约率方面的文献，而且对促进农村信贷市场的健康发展及农业可持续发展也具有重要意义。

第一节 文献综述与假设提出

由于农村信贷市场借贷双方存在着信息不对称，农户可能会存在由道德风险引起的信贷违约。金融机构为了降低信贷风险，要求贷款农户提供有效的抵押品（吴本健等，2013；任乐等，2017）。对于中低收入农户而言，提供有效的抵押品比较困难，因此，我国引入小组联保贷款机制，通过小组成员之间的相互监督和社会网络制约降低农户信贷违约率，来解决农民"贷款难"的问题（Cassar 等，2007；赵岩青等，2007；吴祖光，2012）。信贷违约分为主动性违约和被动性违约。被动性违约是由于系统性风险的冲击导致农民还款能力不足而无法偿还贷款；主动性违约是因农民还款意愿不足而拒绝偿还贷款。前文所述的联保贷款可以通过小组成员之间的相互监督降低信贷违约率，指的是主动性违约。而干旱、洪水等灾难性天气引发的系统性风险可能导致联保小组内所有成员还款能力不足，因此导致联保小组存在集体被动违约的情况。由此可见，联保机制并不能避免所有的违约风险，依旧存在由系统性风险引起的被动违约风险，自然灾害是农户信贷违约的主要原因。

为了降低自然灾害对农民信贷违约的影响，我们通常会利用农业保险来进行风险管理。农业保险不但可以提高农户的抗风险能力和贷款偿还能力，从而降低被动性违约的概率（Alderman 等，2007；Farrin 等，2015；吴本健等，2013；张建军等，2013；谢玉梅等，2014；牛浩等，2014）；还可以提高参保农户的信用等级，在一定程度上解决农业信贷中的信息不对称问题，有助于降低道德风险导致的主动性违约（Chen，2014；刘祚祥等，2012；张建军等，2012；王勇等，2016；任乐等，2017）。

农业保险可分为传统农业保险和新型的天气指数保险。传统农业保险的理赔方式是根据农户的实际损失现场勘察确定的，农户本人对于保险赔偿金额相对于其他农户具有信息优势。如果获得理赔小组成员的隐藏信息，就会导致联保小组内保险赔偿不透明，容易产生道德风险。而天气指数保险的保险赔付金额是统一的，联保小组内成员的保险赔偿金额透明化（Barnett 等，2007；Skees 等，2008；Miranda 等，2012；谢玉梅等，2014）。因此，当遭遇气候风险、农户收入下降时，联保贷款的农户可以用统一的保险赔偿偿还贷款，有助于降低联保小组内主动违约的道德风险。

综上所述，本章提出研究假说一：天气指数保险能够降低联保贷款制度下农户的信贷违约率。

社会资本是人们在长期的生产、交易中形成的一种持续的社会关系，成员之间可以产生信任和社会网络规范，能够解决农村信贷市场的信息不对称和农户信贷抵押品不足的问题，从而影响农户的借贷行为（徐承明等，2012；徐璋勇等，2014；申云，2016）。社会资本在控制农户信贷风险和改善信贷配给中发挥着重要作用。在信息不对称和法律不健全的农村信贷市场，社会资本可以在一定程度上代替法律惩罚机制，违约农户面临着来自社交网络的严重的社会制裁从而使农户的还款能力和还款意愿提高，并且农户间互动越频繁，信贷违约率就会越低（Benjamin 等，2010；Dufhues 等，2011；Zhang 等，2013；Postelnicu 等，2015；李庆海等，2018）。社会资本能够分散风险、降低农户信贷违约率，间接提高其信用水平，具有良好社会资本的农户更容易获得农村金融机构的贷款，并且贷款额度也会显著增加，从而改善了农户的信贷约束，促进了信贷资源的有效配置（Dufhues 等，2013；Heikkilä 等，2016；Malual 等，2017；童馨乐等，2011；胡枫等，2012；孙颖等，2013；孙永苑等，2016；徐丽鹤等，2017）。

农户借贷行为大多建立在信任的情感基础上，由此产生了很多人情贷款和关系贷款，其无法偿还贷款时会感到内疚，按时偿还贷款则会获得满足感，情感因素比自身利益更具约束力，因此对农户信贷偿还有重要的驱动作用（Seiler 等，2012；Dufhues 等，2012；孔荣，2009）。然而当联保小组成员关系非常密切时可能会相互勾结，而不会感到羞耻和愧疚，从而阻碍社会制裁发挥作用。因此，对于具有强大结构性社会资本的借款人来说，愧疚对还款率的积极影响将会受到抑制（Ahlin 等，2007；Dufhues 等，2012）。除了内疚和羞耻之外，其他认知社会资本，如道德标准、自我认知，以及借款人的社会偏好等因素都会对借款人信贷偿还行为产生积极作用（Cassar 等，2007；Guiso 等，2013）。

综上所述，本章提出研究假说二：社会资本有助于降低农户信贷违约率，社会资本中的愧疚和荣誉与指数保险结合降低违约率的效果更好。

第二节　数据来源与实验设计

一、数据来源与样本选择

本章数据来源于课题组 2017 年 7 月对黑龙江省松花江流域的木兰县、哈尔滨市呼兰区以及通河县农户的调研，共有 324 户农户参加，如表 5 - 1 所示。选取该地区作为调研地点的原因是：他们均属于黑龙江省优质水稻生产县，濒临松花江流域，易发生洪涝灾害，农业生产风险较大，因此，该地区多重灾害农业保险参保比例较高，农民对农业保险有深刻的了解。由于 2013 年松花江流域发生过特大洪灾，预期农民能够更好地理解指数保险并做出合理的金融决策。调研组首先通过田野经济学实验获取农户参保前后的贷款偿还数据，实验结束后通过调查问卷询问农户个人与家庭的社会经济学特征、信贷经历与社会资本，共获得 1470 组观测值。

表 5 - 1　样本分布情况

样本县（区）	样本乡（镇）数	样本村数	样本农户数
木兰县	4	5	124
呼兰区	3	4	100
通河县	3	4	100

参加实验的农户需要满足下列条件：第一，近十年从银行等金融机构贷过款；第二，目前正在从事农业生产并且至少有十年的务农经验；第三，在家庭中具有决策权，能够独立做出信贷决策。以保证被试者能够准确理解实验设计，做出真实的信贷偿还决策，使实验更加贴近现实，提高研究结论的准确性与外部有效性。实验前从村委会会计处获得符合条件的农户名单，从中随机抽

取农户参加实验，每场实验需要 12 户农户参加。

二、田野经济学实验设计

（一）实验方法的选择

实验经济学是研究一定控制条件下被试者决策过程或行为选择的科学，是经济学重要的数据来源（姚宇，2014）。田野经济学实验是一种新的实验经济学研究方法，在实验地区选择被试者并随机分配到控制组和实验组，控制其他变量后对实验组施加某些外部扰动，然后分析两组被试的行为差异，推断出某些结论（罗俊等，2015）。田野实验不是选取在校大学生在实验室中做实验，而是从现实农民中随机选择被试者，因此具有更好的随机性；实验中设定真实的社会情境，使用实际物品而不是诱导估值，让被试者接受自然的激励，更加贴近现实；田野实验克服了实验室实验外部有效性不足的缺陷，研究结论具有更高的外部性，因此更易于推广到现实世界中（Harrison 等，2004；Carpenter 等，2005；罗俊，2015）。

（二）样本分组

由于田野实验实地招募被试并随机分配到控制组和实验组，实验的处理组水平完全独立于个体特征和其他可能影响实验结果的因素，避免了计量模型中遗漏变量偏差或内生变量偏差的问题（罗俊，2015）。本章的目的是利用田野经济学实验研究天气指数保险对农民信贷违约率的影响，实验中采用自身对照实验法，控制和实验在同一对象上进行，因此被试需要参加无天气指数保险和有天气指数保险两个联保贷款实验。接受指数保险处理前为控制组，接受处理后为实验组，分别进行三轮实验，每一轮代表一个实际种植周期。被试在其他条件相同的情况下做出信贷偿还决策，进而比较其在不同情境下的信贷违约情况。

（三）实验控制

与第三章类似，实验中一些与研究问题无关的外部因素可能影响实验结果，研究人员需要加以控制，从而提高实验结果的外部有效性。实验控制包括现状偏好、需求效应、禀赋效应，此处不再赘述。

（四）实验设计

1. 初始设定

假设为每个实验参与者提供 1 亩土地，没有初始资金，必须依靠银行贷款才能生产，并假设不存在信贷约束，申请贷款的农户均能获得贷款。当地农业生产物化成本为 450 元/亩，为简化实验，银行贷款统一为 450 元。农村信用合作社的贷款利率为 11%，到期需还本付息 500 元。

自然条件是影响农业生产的主要因素，实验中的天气情况简化为好天气和坏天气两种，概率分别设定为 3/5 和 2/5，在每一轮实验结束时由农户代表抽球决定，农户代表每轮随机选择。由于农田地理位置存在差异，即使天气条件相同，农户的收入也可能存在差异。为了体现这种差异，每种天气都设置 0 元、1400 元、2100 元三种收入。在每一轮实验结束时由农户个人抽球决定，收入分布情况如表 5 - 2 所示①。贷款金额、利率、收入等具体数值均参照预实验和当地农业生产情况设置。

表 5 - 2　实验中不同天气条件下农户收入的概率分布

收入	0 元	1400 元	2100 元
好天气的概率（60%）	1/10	2/5	1/2
坏天气的概率（40%）	3/10	2/5	3/10

2. 试验流程

实验开始前将参加实验的 12 户农户随机分成 6 组，每两户农户组成一个联保小组，一名成员对联保小组另一名成员的贷款负有连带责任。随后实验员向参加实验的农户介绍初始设定情况，包括贷款金额、天气比例、收入分布以及联保制度等，并将初始设定制作成表格并配合相关文字说明发放给被试者，方便其理解实验设计，以便更好地融入实验情境中。在分组和初始设定介绍完

---

① 前期实地走访调查发现调研地区天气正常时，农户一般都能获得较高的收入，极少有农户没有收入，而遭遇自然灾害时，大部分农户都有不同程度的受灾，灾害严重时甚至有农户颗粒无收，据此设置了不同天气情况下的收入概率分布。

成后，样本农户参加实验一。

（1）实验一：无天气指数保险的联保贷款。

实验的第一年样本农户均获得 450 元的贷款以覆盖农业生产的成本支出，然后开始模拟农业生产。年末生产结束时由农户代表抽签决定天气，确定天气情况后由农户个人抽球决定个人收入，然后决定是否偿还贷款。当收入为 0 元时，农户只能违约。如果联保小组两个成员都偿还贷款，他们可以进行下一轮实验；如果小组成员都违约则无法进行下一轮实验，以后每一轮只能获得 700 元的固定收入；如果两个成员一人还款，另一人违约，则还款的成员还需做第二次选择，即是否愿意帮助违约成员偿还贷款；如果愿意，联保小组成员均可进行下一轮实验，否则均无法进行下一轮实验，只能获得 700 元的固定收入。第二轮实验由第一轮中偿还贷款的联保小组参加，实验过程与第一轮一样，第三轮的过程与第二轮一样。

（2）实验二：有天气指数保险的联保贷款。

实验一结束后，参加实验一的 12 户农户继续参加实验二。由于当地未试行天气指数保险，因此本实验参照国元保险公司的水稻种植天气指数保险合同设置相应的保险条款。在实验开始前，实验员与农户进行一个关于指数保险介绍的小游戏，帮助农户了解该产品，然后通过一个测试题目来检验农民是否真正了解该产品。

实验中每个农户都必须购买天气指数保险，受灾时保险公司会根据天气指数赔偿所有农户相同的金额，保障农户能够偿还贷款。由于购买了保险，每个农户需要额外支付保险费 50 元，因此年末生产结束时需要偿还的贷款为 550 元。如果农户愿意帮助违约的小组成员偿还贷款，则需要偿还 1100 元。该实验中农民收入由种植收入和保险赔偿组成，其他程序均与实验一相同，实验重复进行三轮。

实验结束后，通过问卷调查农户的一些基本信息，调查问卷包括三部分内容：第一部分为农户个人和家庭基本特征，包括年龄、教育水平、种植规模等；第二部分为现实中的借贷经历；第三部分为认知社会资本，包含道德标准、愧疚感、个人荣誉感等。整个过程大约需要一个小时，结束后支付给实验参加者 30 元，报酬激励确保被试不会中途退出实验，提高实验的有效性。

第三节 模型构建与数据分析

一、单变量检验

本章首先利用配对样本 T 检验进行单变量统计分析，未引入控制变量，仅分析指数保险对农户信贷违约率的影响。配对样本 T 检验通过分析同一受试对象处理前后的两组数据，推断两组数据的均值是否存在显著性差异。配对样本 T 检验的结果如表 5 - 3 所示。

表 5 - 3 农户参保前后信贷偿还 T 检验

变量名	无天气指数保险		有天气指数保险		Differences	
	Mean	S. D	Mean	S. D	Mean	S. D
Repayment	0. 704	0. 025	0. 858	0. 019	- 0. 154 ***	0. 030
Group Repayment	0. 667	0. 026	0. 809	0. 022	- 0. 142 ***	0. 035

注：*、**和***分别表示在10%、5%和1%统计水平上显著。

由表 5 - 3 可知，当农户有指数保险时，信贷偿还概率为 0. 858，没有指数保险时为 0. 704，参保后信贷偿还概率提高了 0. 154，并且在 1% 的水平下显著，表明指数保险对农户信贷偿还具有促进作用。比较联保小组信贷偿还情况后发现，没有指数保险时，小组信贷偿还概率为 0. 667，而有指数保险时为 0. 809。农户参保后联保小组信贷偿还概率提高了 0. 142，并且在 1% 水平下显著，说明指数保险提高了联保小组信贷偿还率。指数保险具有分散风险、补偿损失的功能，提高了农户信贷偿还能力。在指数保险与小组联保结合的情况下，农民违约将面临联保小组、信贷机构、保险公司的多重制裁，可有效降低农户个人与联保小组集体违约，从而降低农村金融机构的信贷风险。

二、二值选择模型

配对样本 T 检验没有考虑其他变量的影响，仅分析单一变量的变化是否显著。而实际情况可能存在多个变量交互影响，为了验证指数保险及其他因素对农户信贷违约率的影响，本章借鉴以往的研究，采用 Logit 模型进一步验证假说。

田野实验中农户偿还贷款时取值为 1，违约时为 0，为典型的离散型数据。此外二元选择模型常用来测度某一事件的选择倾向以及影响该种选择倾向的因素，所以使用二元选择 Logit 模型进行实证分析。模型描述如下：

$$P(y=1 \mid x) = F(x, \beta) = \Lambda(x'\beta) = \frac{1}{e^{x'\beta}} + e^{x'\beta} \tag{5-1}$$

$$Y = \beta_0 + \beta_1 Ins + \beta_k X_k + \varepsilon \tag{5-2}$$

其中，Ins 代表是否拥有指数保险，X_k 代表其他控制变量，包括农户个体特征和家庭特征，ε 代表残差项。

三、变量选取及描述性统计分析

（一）因变量

本章的核心是利用田野经济学实验来测度农户不同情境下的信贷偿还情况。当农户偿还贷款时取值为 1，违约时为 0。

（二）核心自变量

本章的目的是分析天气指数保险对农户信贷违约率的影响，实验中将农户分成无指数保险的控制组和有指数保险的实验组。当农户拥有指数保险时取值为 1，无指数保险时取值为 0。

（三）控制变量

本章借鉴 Cassar 等（2007）、Seiler 等（2012）、苏治等（2014）、孔光林等（2017）的相关研究，将农户个体与家庭特征、社会资本等因素作为控制变量。本章在问卷中设计了道德标准、愧疚感、个人荣誉 3 个指标，以考察农户的社会资本情况。关于农户的道德水平，问卷设计了 3 个问题来考察：①是否有道德义务偿还贷款。②当 50% 的人不偿还贷款时，是否有义务偿还贷款。③当 99% 的人不偿还贷款时，是否有义务偿还贷款。变量的测度和描述性统计分析如表 5 - 4 所示。

表 5 - 4　变量测量与描述性统计分析结果

变量		测量及赋值	Min	Max	Mean	Dev
因变量	是否偿还贷款	是 =1；否 =0	0	1	0.781	0.414
核心自变量	是否有指数保险（Ins）	是 =1；否 =0	0	1	0.500	0.500
认知社会资本	偿还贷款的道德认知（Mor）	否 =1；不一定 =2；是 =3	1	3	2.574	0.757
	还款是否为了维持声誉和社会地位（Rep）	否 =1；不一定 =2；是 =3		3	2.361	0.905
	违约是否感到愧疚（Gly）	否 =1；不一定 =2；是 =3	1	3	2.188	0.906
个体特征	年龄（Age）	农户实际年龄（岁）	18	71	45.537	12.080
	性别（Gen）	男 =1；女 =0	0	1	0.414	0.493
	受教育程度（Edu）	小学及以下 =1；初中 =2；高中 =3；大学 =4	1	4	1.577	0.656
家庭经济特征	收入水平（Inc）	实验中的实际收入（元）	0	2100	1641.980	1032.113
	农户家庭规模（Fmy）	农户家庭人口总数（人）	1	8	4.043	1.428
	是否有违约经历（Exp）	是 =1；否 =0	0	1	0.194	0.396

因为本章选取的变量可能存在相互促进的作用，例如社会资本和指数保险都能降低农户信贷违约率，而指数保险的影响程度会受到农户认知社会资本的影响，社会资本越高的农户在拥有指数保险后会有更好的还款表现，因此在模型中加入了个人声誉与指数保险、愧疚感与指数保险两个交互项。

由表 5 - 4 可知，农户违约均值为 0.194，说明大部分农户现实中的还款意愿较高。在农户认知社会资本中，农户道德水平均值为 2.574，说明农户的道德水平普遍较高；愧疚感均值为 2.188，农户信贷违约时易感到愧疚；此外，农户个人荣誉均值为 2.361，这说明在意个人声誉和社会地位的农户还款意愿更高。此外，样本农户的平均年龄为 45 岁左右，受教育程度普遍为初中水平，农户个人平均收入为 1642 元，家庭规模为 4 人左右。

（四）农户信贷违约情况分析

1. 实验效果对现实情况模拟效果分析

为了考察本实验模拟现实的效果，本章通过调查问卷询问农户现实中的违约情况，并将其与实验中的违约情况进行对比，具体情况如表 5 - 5 所示。

表 5 - 5 农户现实违约与实际违约对比情况 单位:%

分组	信贷违约					
	被动性违约①		主动性违约②		合计	
	人数	比例	人数	比例	人数	比例
现实中的违约情况	40	12.35	31	9.57	62ᵃ	19.14
实验违约情况	84	12.96	58	8.95	142	22.91

注：a 表示现实中农户可能有多种信贷违约原因，所以总违约人数小于主动性违约和被动性违约人数之和。

由表 5 - 5 可知，现实中有 62 户农户信贷违约，占比为 19.14%，其中由于自然灾害违约有 40 户农户，占比为 12.35%；经济学实验中有 142 户农户违约，比例为 22.91%，其中被动性违约有 84 户农户，比例为 12.96%。从上述数据可以看出，实验中农户信贷违约情况与实际基本相符，说明实验模拟现实中农户信贷偿还情况的效果较好。

2. 实验中农户信贷违约情况分析

实验测度了控制组和实验组农户的信贷违约情况，不同组别农户信贷违约情况如表 5 - 6 所示。

由表 5 - 6 可知：实验中控制组农户三年的信贷违约率分别为 29.63%、36.11%、32.31%，其中，被动违约的比例分别为 18.52%、23.61%、20.00%，

---

① 被动性违约是由于农户遭遇自然灾害等系统性风险的冲击，收入下降而无法偿还贷款。

② 主动性违约是农户自身还款意愿不足，即使有收入也不愿意偿还贷款。

表5-6　实验中农户个人信贷违约及组间差异情况统计　　　　单位:%

分组		信贷违约					
		被动性违约		主动性违约		合计	
		人数	比例	人数	比例	人数	比例
第一年	控制组	60	18.52	36	11.11	96	29.63
	实验组	24	7.41	22	6.79	46	14.20
	Diff	-36	-11.11	-14	-4.32	-50	-15.43
第二年	控制组	51	23.61	27	12.50	78	36.11
	实验组	22	8.40	20.00	7.63	42	16.03
	Diff	-29	-15.21	-7	-4.87	-36	-20.08
第三年	控制组	26	20.00	16	12.31	42	32.31
	实验组	13	6.07	17	7.94	30	14.01
	Diff	-13	-13.93	1	-4.37	-12	-18.30

均高于主动性违约,这表明自然灾害是农户信贷违约的主要原因;实验组农户三年信贷违约率分别为14.20%、16.03%、14.01%,与控制组相比,实验组农户信贷违约率显著下降;从两组间的差异来看,当农户拥有指数保险时,信贷违约率分别下降15.43%、20.08%、18.30%,其中,被动性违约分别下降了11.11%、15.21%、13.93%,下降幅度均超过10%。这说明指数保险赔偿提高了农户受灾后的信贷偿还能力,从而降低了被动性违约的概率。农户主动性违约率分别下降了4.32%、4.87%、4.37%,明显低于被动性违约下降的幅度。农户在寻求效用最大化的过程中会权衡违约成本,违约成本即农户丧失从银行获得再贷款的机会以及个人声誉受到的不利影响。当农户拥有指数保险时违约,会受到信贷机构、联保小组以及保险公司的多重制裁,提高农户信贷违约成本,这在一定程度上降低了主动违约的风险。因此,指数保险对农户信贷偿还具有促进作用。

3. 实验中联保小组违约情况分析

实验中每两个农民组成一个联保小组,实验不仅测度了控制组和实验组农户个人信贷偿还情况,还考察了不同情境下联保小组信贷偿还情况,如表5-7所示。

表5-7 联保小组信贷偿还情况 单位:%

	分组	信贷偿还		信贷违约	
		组数	比例	组数	比例
第一年	控制组	108	66.67	54	33.33
	实验组	131	80.86	31	19.14
	Diff	23	14.19	-23	-14.19
第二年	控制组	65	60.19	43	39.81
	实验组	107	81.68	24	18.32
	Diff	42	21.19	-19	-21.49
第三年	控制组	49	75.38	16	24.62
	实验组	93	86.92	14	13.08
	Diff	44	11.54	-2	-11.54

由表5-7可知,控制组联保小组信贷违约率分别为33.33%、39.81%、24.62%,而引入指数保险后的违约率为19.14%、18.32%、13.08%,分别下降14.19%、21.49%、11.54%,可见,指数保险降低了联保小组的信贷违约率。指数保险能够防范自然灾害对联保小组的冲击,保障小组成员的贷款偿还能力,也提升了小组成员帮助他人偿还贷款的能力,从而提高联保小组的整体还款率。数据显示,指数保险与小组联保相结合更有助于降低农业信贷风险,提高农户的信贷偿还率,但是还需要进一步的实证检验。

四、实证结果分析

前文中的T检验以及统计数据都表明提供指数保险农户的贷款偿还率要高于没有指数保险的农户。为了进一步验证假说,本部分采用Logit模型对实验数据进行回归,结果如表5-8所示。

表5-8 指数保险对农户信贷违约率影响的二元回归结果

变量	方程一	第一年	方程二	第一年	方程三	第一年
Ins	0.963 ***	0.873 ***	—	—	—	—
	(0.204)	(0.282)				

续表

变量	方程一	第一年	方程二	第一年	方程三	第一年
Rep	0.189*	0.296*	—	—	0.168	0.280*
	(0.110)	(0.156)			(0.108)	(0.152)
Gly	0.083	0.091	0.082	0.118	—	—
	(0.106)	(0.157)	(0.104)	(0.152)		
Mor	−0.333**	−0.216	−0.326***	−0.189	−0.324**	−0.211
	(0.129)	(0.197)	(0.125)	(0.194)	(0.127)	(0.196)
Ins×Rep	—	—	0.331***	0.290***		
			(0.081)	(0.110)		
Ins×Gly	—	—	—	—	0.289***	0.267**
					(0.086)	(0.115)
Inc	0.003***	0.003***	0.003***	0.003***	0.003***	0.003***
	(0.000)	(0.000)	(0.000)	(0.000)	(0.000)	(0.000)
Exp	−1.520***	−1.374***	−1.500***	−1.413***	−1.487***	−1.375***
	(0.243)	(0.314)	(0.245)	(0.310)	(0.244)	(0.312)
Age	−0.010	−0.023*	−0.010	−0.022*	−0.009	−0.022*
	(0.009)	(0.013)	(0.009)	(0.013)	(0.009)	(0.123)
Gen	0.048	0.154	0.056	0.159	0.056	0.142
	(0.192)	(0.292)	(0.192)	(0.290)	(0.185)	(0.289)
Edu	0.102	0.342	0.105	0.345	0.102	0.349
	(0.138)	(0.256)	(0.137)	(0.253)	(0.136)	(0.253)
Fmy	−0.035	−0.130	−0.038	−0.143	−0.032	−0.131
	(0.071)	(0.098)	(0.071)	(0.098)	(0.071)	(0.098)
Number	1470	648	1470	648	1470	648
R^2	0.457	0.473	0.451	0.464	0.448	0.466
Log likelihood	−425.350	−179.640	−429.530	−182.530	−431.950	−181.900
LR chi2	432.630	322.170	432.160	316.390	435.810	317.650
Prob > chi2	0.000	0.000	0.000	0.000	0.000	0.000

注: *、**和***分别表示在10%、5%和1%统计水平上显著。

由表5-8可知，指数保险对农户信贷偿还的影响在1%水平上显著为正，表明指数保险降低了农户信贷违约率。这与刘祚祥等（2012）、任乐等（2017）的研究类似。他们发现农村金融机构向参保农户贷款意愿更强，并且愿意给予一定的利率优惠来鼓励农民参保。稳定的收入是农户偿还贷款的重要基础，指数保险能够防范农业生产中的系统性风险，降低农户收入的波动，从而为农业信贷提供风险保障，降低农户被动性违约的概率；此外，指数保险提高了金融机构的信息生产能力，能够识别投资风险较高的农户，在一定程度上降低了农业信贷风险；最后指数保险赔偿公开透明，如果小组成员得到保险赔偿不偿还贷款，损害小组其他成员的利益，将受到严重的经济和声誉惩罚，丧失从金融机构获得再贷款的机会并被联保小组其他成员排挤和孤立，导致信贷违约成本上升；这种机制有助于降低农户主动违约的概率。因此，指数保险能够降低农户信贷违约率，验证了本章提出的假说一。

认知社会资本中的声誉、愧疚感与指数保险交互项均在统计上显著，并且系数为正。这说明社会资本作为信贷抵押品能够降低农户信贷违约率，对指数保险的影响效应具有促进作用。在联保贷款中，小组成员无法偿还贷款损害小组整体利益时，可能对自身违约行为感到愧疚，农户借贷效用下降，而拥有指数保险后，农户为了降低自身违约的愧疚感会用保险赔偿还款，从而降低农户违约的概率，因此高愧疚感的农户在拥有指数保险时会有更好的还款表现。此外，个人声誉是重要的社会资本，当联保小组成员拥有指数保险时，如果不主动偿还贷款，会受到更加严重的声誉和经济制裁，违约行为会被广泛传播，在意自身形象和地位的农户为了避免社会资本受损会积极偿还贷款，有助于降低农户信贷违约率。声誉、愧疚感与指数保险交互项的回归结果验证了本章的假说二。

在控制变量中，农户收入水平与信贷偿还率在1%的水平上呈显著正相关，表明农户收入越高，信贷违约概率越低。苏治（2013）的研究发现，种植收入反映农户农业生产的盈利能力和贷款偿还能力，收入水平越高贷款偿还能力越强，还贷意愿越强。这与本章结论一致。农户违约经历与信贷偿还率在1%的水平上呈显著负相关，说明曾经有过违约经历的农户更容易违约。在调研中发现，有些违约农户是因为规划贷款的能力较差；有些是因为农业生产中易把贷款投资到风险较高的经营项目，经营失败后而无法偿还贷款。农户声誉与信贷偿还率在10%的水平上呈显著正相关。Durlauf 等（2005）发现，社会资本可以放大声誉制裁，将公开违约的农户拒之门外，提高其信贷违约成本，而积极还款的农户能够获得良好的声誉和更多的信贷资源。因此，在意个人声誉和社会形象的农户还贷意愿更高。农户道德水平与信贷偿还在5%的水平上呈显著负相关，说明道德水平高的农户信贷违约率更高。这与 Guiso 等（2013）的研究结论相反。可能的原因是道德水平较高的农户在实验中收入为零而无法偿还贷款，是被动性违约而非人为的主动性违约。现实生活中遭遇系统性风险时可以向亲朋好友借款来偿还银行贷款，而实验中无法体现这一点。

五、稳健性检验

实验中农户信贷偿还决策是在联保制度下进行的，农户个人信贷偿还是联保小组信贷偿还的一部分，本章利用联保小组信贷偿还率替代农户个人信贷偿还进行稳健性检验，回归结果如表5-9所示。

表5-9　稳健性检验回归结果

变量	方程一	方程二	方程三
Ins	0.680***	—	—
	(0.142)		
Ins × Rep	—	0.229***	—
		(0.056)	
Ins × Gly	—	—	0.258***
			(0.059)
其他控制变量	已控制	已控制	已控制
样本量	1470	1470	1470
R^2	0.201	0.198	0.199
Wald chi2	216.050	217.480	224.250

注：*、**和***分别表示在10%、5%和1%统计水平上显著。

由表5-9可知，Ins、Ins × Rep、Ins × Gly 变量系数在1%的统计水平上显著为正，表明指数保险对联保小组信贷偿还具有促进作用，进一步验证了指数保险能够提高农户个人信贷偿还率，与表 5 - 8 的回归结果基本一致，说明本章的回归结果是稳健的。

第四节　主要结论

本章利用田野经济学实验模拟农户贷款偿还决策，并基于黑龙江省松花江流域农户的调研数据，运用二值选择模型实证检验联保制度下天气指数保险对农户信贷违约率的影响，得出以下结论：

第一，天气指数保险对农户信贷偿还的影响在 1% 水平上显著为正，表明指数保险降低了农户信贷违约率。天气指数保险赔偿公开透明，如果联保贷款小组成员得到保险赔偿不偿还贷款，损害小组其他成员的利益，将受到严重的经济和声誉惩罚，丧失从金融机构获得再贷款的机会并被联保小组其他成员排挤和孤立，导致信贷违约成本上升；这种机制有助于降低农户主动违约的概率。因此，指数保险能够降低农户信贷违约率。

第二，社会资本中的声誉、愧疚感与指数保险交互项均在统计上显著，并且系数为正。这说明社会资本作为信贷抵押品能够降低农户信贷违约率，对指数保险的影响效应具有促进作用。在联保贷款中，当小组成员无法偿还贷款损害小组整体利益时，可能对自身违约行为感到愧疚，因此高愧疚感的农户在拥有指数保险时会有更好的还款表现。此外，个人声誉是重要的社会资本，当联保小组成员拥有指数保险时，如果不主动偿还贷款，违约行为会被广泛传播，在意自身形象和地位的农户为了避免社会资本受损会积极偿还贷款，有助于降低农户信贷违约率。

第三，农户收入水平与信贷偿还率在 1% 的水平上呈显著正相关，表明农户收入越高，信贷违约概率越低。收入水平越高贷款偿还能力越强，还贷意愿越强。农户违约经历与信贷偿还率在 1% 的水平上呈显著负相关，说明曾经有过违约经历的农户更容易违约。农户声誉与信贷偿还率在 10% 的水平上呈显著正相关,说明在意个人声誉和社会形象的农户还贷意愿更高。农户道德水平与信贷偿还在 5% 的水平上呈显著负相关,说明道德水平高的农户信贷违约率更高。

第六章 银保互动对农户技术
采用行为影响的研究

第五章的研究发现天气指数能够降低农户贷款违约率，本章将天气指数保险与信贷产品联结起来，以黑龙江省与江苏省的 572 户农户为样本，继续采用田野经济学实验的方法，探究银保互动产品对农户新技术采用行为的影响。

第一节 文献回顾

中国地域广阔、气候条件多样，极端天气事件频发。2019 年，我国共有 19256.9 千公顷农作物遭受自然灾害，其中，2802.0 千公顷农作物绝产，直接经济损失达 3270.9 亿元（国家统计局，2020）。极端天气引起的自然灾害摧毁农户积累数年的资产，农户往往由此落入贫困陷阱（Barnett 和 Mahul，2007）；由于自然灾害会加大农业投资风险，而农户资源有限、抗风险能力较弱，一旦发生自然灾害，就会损失巨大，有效风险管理工具的缺乏使农户不愿意承担高风险所带来的消费与收入波动，往往会选择低风险、低回报的生产活动来规避风险，这也是限制发展中国家提高农业生产率的主要因素之一（Chetty 和 Looney，2006；Skees，2008；Carter 和 Lybbert，2012；储小俊和曹杰，2012）。

此外，较高的自然风险以及有效的风险管理手段缺乏使农户很难从金融机构获得信贷支持（庹国柱，2012；马九杰等，2012）。金融机构为了降低自身的信贷风险往往会要求农户提供抵押物作为获取贷款的前提。农户经常因为缺乏抵押物或担心失去抵押物后破产而退出正规信贷市场，因此面临着严重的信贷配给（Boucher等，2008；Carter等，2011；吴本健等，2013）。而通过非正规金融渠道获得的贷款又不足以支持其技术投资（Carter，2005；Hazell 和 Skees，2006；Skees，2008），因此，农业生产中较高的自然风险以及信贷约束严重抑制了农业技术采用（World Bank，2008；Nicola 和 Francesca，2012；Carter等，2014）。比起需要贷款的高收益、高风险技术，农户更愿意采用不需贷款的传统生产方式（Tadesse 等，2016）。这严重阻碍了农户收入的提高及农业现代化的实现。

有学者研究发现，农业保险与信贷互联（以下简称银保互动）可以降低农业风险，并在一定程度上缓解农户信贷配给问题，进而促进农户对新技术的采用（Hill 和 Viceisza，2012；Giné 和 Yang，2009；Farrin 和 Miranda，2015）。2016 年的中央一号文件首次提出探索农业保险保单质押贷款，以指数保险保单作为抵押物以降低银行的信贷风险同时提高农户获得贷款的能力。

国内关于银保互动的研究主要集中于其作用机制、对农户风险配给以及收入波动影响等方面（刘祚祥等，2010；张建军和张兵，2012；刘祚祥和黄权国，2012；谢玉梅和高娇，2014）；而国外关于"银保互动"的研究主要集中于保险对贷款的影响以及两者结合对农户行为的影响。天气指数保险降低了农户的生产风险后，农村金融机构开始愿为农户提供贷款，因此，缓解了农户面临的信贷约束，使农户能够获得更多的贷款（Giné 和 Yang，2009；Carter等，2011；Farrin 和 Miranda，2013）。关于银保互动对农户行为影响方面研究，有学者发现发展中国家小规模农户的投资行为受限于金融环境，信贷市场的约束与保险制度的不完善使农户对预期收益较高的生产活动的投资减少（Karlan 等，2012）。与农户的自我保险相比，银保互动可使农户能获得更多的信贷并有能力采用更好的技术。因为银保互动能够有效转移风险，降低金融机构的贷款风险，扩大对自给自足农户的贷款以及减弱农户自我选择的风险配给，进而使农户可以有机会采用收益率相对较高的农业技术（Tadesse，2014；

Carter 等，2016；Tadesse 等，2016）；此外，由于风险管理机构基础风险比较低，指数保险的赔偿若直接支付给贷款者，贷款用于技术方面投资的可能性将大幅度增加（Carter，2007；Carter 等，2011；Miranda 和 Gonzalez - Vega，2011）。也有学者认为，为农户贷款提供保险并没有刺激农户的投资行为，与购买银保互联合同的农户相比，仅购买保险合同的家庭的技术使用率最高。这一发现可能与违约的容易性有关，违约的惩罚越小越能够激励农户采用更高水平的技术（Giné 和 Yang，2009；Farrin 和 Miranda，2013）。

纵观已有研究发现，国内关于银保互动对农户技术投资影响的研究较少；而国外针对银保互动是否能有效促进农户技术采用的研究结论尚不明确，需进一步进行论证；此外，国外研究多以非洲国家农户为对象，这些国家的信贷和保险市场与中国相比存在较大差异，因此其结论难以适用于中国。据此，本章借鉴国外研究经验，采用田野实验经济学方法，以黑龙江省与江苏省农户为研究对象，实证分析银保互动产品对农户技术采用行为的影响，以期为银保互动的推广及促进农户农业技术采用提供理论依据。

本章的贡献体现在：在研究内容方面，首次考察了天气指数保险与银行贷款互联对我国农户技术采用行为的影响，一方面从全新的角度分析了农户技术采用行为，另一方面丰富了关于银保互动的研究，为科学评价该产品的政策效果提供了理论依据；在研究方法方面，运用田野实验经济学方法对现实情况进行模拟，让农户在了解银保互动运行机制的基础上进行动态的农业技术选择，克服了问卷调查只能通过简单的回答问题获得静态时点指标的缺陷，预期的结论更严谨、可信。

第二节　理论分析

农户进行生产技术投资时往往面临两种选择：第一种使用自有资金即可完成的低风险传统技术；第二种需要筹集资金才能进行投资的高收益、高风险的创新技术。假设农户 C 初始可支配财富为 W_0，刚好满足传统技术投入成本 C，创新技术成本为 C_C，此时农户需要向银行贷款的金额为 $L = C_C - W_0$。假设贷款利率为 r，并需提供价值为 χ 的抵押物 $χ \geqslant L \times (1 + r)$。假设农户均拥有价值为 χ 的固定资产可供抵押，农户一旦违约银行就没收抵押物。农业技术投资收益受自然条件的影响，假设遭受灾害的概率为 ρ。

农户选择传统技术时的期望效用函数为：

$$U_T = (1 - ρ)U(y_{Tb} + χ) + ρU(χ) \tag{6-1}$$

农户选择创新技术时的期望效用函数表示为：

$$U_C = (1 - ρ)U[y_{Cb} - L \times (1 + r) + χ] + ρU(-χ) \tag{6-2}$$

其中，y_{Tb} 与 y_{Cb} 分别为正常天气条件下选择传统技术和创新技术的收益，且 $y_{Tb} < y_{Cb} - L \times (1 + r)$；假设两种技术在遭遇灾害的年份均无收益。由式（6-2）可知，当抵押物要求较高时，创新技术的期望效用将随之降低。

根据理性经济人假设，只有当 $U_C > U_T$ 时，农户才会选择创新技术，即：

$$(1 - ρ)U[y_{Cb} - L \times (1 + r) + χ] + ρU(-χ) \geqslant (1 - ρ)U(y_{Tb} + χ) + ρU(χ) \tag{6-3}$$

当发生自然灾害时，创新技术投资的收益为 0，将无法弥补成本，农户也因不能偿还银行贷款而失去抵押物。因此，农户对创新技术的期望效用为负数，小于传统技术的效用函数。为了避免失去抵押物而破产，农户会选择"自我保险"而不采用创新技术。

在式（6-3）的基础上，假设银行提供一种天气指数保险与贷款结合的产品：农户贷款时需购买天气指数保险，保费为 m，保险赔偿为 T。当发生自然灾害时，赔偿被自动用于偿还银行贷款。此时，保单可起到抵押物的作用，农户无须额外提供抵押物。由于需要支付保费，农户所需贷款金额变为 $L^I = C_C + m - W_0$，贷款利率为 r^I，且 $r^I < r$。此时农户采用传统技术的效用函数与式（6-1）相同，但农户贷款采用创新技术的期望效用函数变化为：

$$U_I = (1 - ρ)U[y_{Cb} - L \times (1 + r) - m + χ] + ρU[T - L^I \times (1 + r^I) + χ] \tag{6-4}$$

在银保互动条件下，农户选择传统技术与创新技术的期望效用差异表示为：

$$\Delta U = U_I - U_T$$
$$= (1 - \rho)\left[U(y_{Cb} - L \times (1 + r) - m + \chi) - U(y_{Tb} + \chi)\right] + \rho\left[U(T - L^I \times (1 + r^I) + \chi) - U(\chi)\right] \tag{6-5}$$

其中，$y_{Cb} - L^I \times (1 + r^I) - m > y_{Tb}$，因此，当天气指数保险赔偿能够偿还贷款时，农户不会失去抵押物。此时农户选择创新技术的期望效用大于选择传统技术的期望效用，即 $\Delta U \geqslant 0$。这说明当保险产品与信贷市场联结时，保险赔偿可以用来部分或全部偿还贷款，解决了农户因无法提供抵押物而不能进入信贷市场的困境；降低了农户因贷款投资遭遇自然风险后丧失抵押物而破产的风险，缓解了农户面临的信贷约束；进而激励农户进入信贷市场获得贷款去投资高风险但高收益的创新技术。

由于农业生产面临着较大的自然风险，农户的风险态度对其农业生产和投入行为产生显著影响。本章借鉴 Just 和 Pope（1978），侯麟科等（2014）的研究，引入随机生产函数如下：

$$y = f(x; \alpha) + g(x; \beta) \times \varepsilon \tag{6-6}$$

其中，x 为各种生产投入的向量；α 和 β 均为参数向量，ε 是误差项，服从独立同分布 $N(0, 1)$。$f(x; \alpha)$ 为产出函数，$g(x; \beta)$ 是风险函数。由式（6-6）可知，农户的投入会使产量发生变化，而产量的波动即为风险。因此，投入品的变化同时影响产出的均值及其方差，即 $E(y) = f(x; \alpha)$，$Var(y) = \left[g(x; \beta)\right]^2$。根据投入品对产出方差的影响程度及方向，可以将投入品分为风险增加、风险中性和风险降低三种类型。边际生产风险可以表示为：

$$\partial Var(y)/\partial x = 2g(x; \beta) \times \partial g(x; \beta)/\partial x \tag{6-7}$$

式（6-7）中，如果 $\partial g(x; \beta)/\partial x$ 为正（负）时，则说明该投入品 x 为风险增加型（降低型），将增加（降低）农户收入波动的风险。

将 Just–Pope 生产函数代入上述农户效用函数中，农户的效用最优化可表示为：

$$\underset{x}{\mathrm{Max}} = \underset{x}{\mathrm{Max}}E\left[U(W_0 + f(x; \alpha) + g(x; \beta) \times \varepsilon - Cx, z)\right] \tag{6-8}$$

根据上式可推导出满足效用最大化的一阶条件为：

$$\partial f(x; \alpha)/\partial x = C - \theta(\cdot)\partial g(x; \beta)/\partial x \qquad (6-9)$$

其中，$\theta = E[U'E(W; z) \times \varepsilon]/E[U'E(W; z)]$，为风险偏好方程。$U' = \partial U/\partial W$。

Binswanger（1980）将农户分为风险规避、风险中性和风险偏好型，在式（6-9）中，θ 的取值分别为小于、等于或大于0。风险中性的农户，其 $\theta = 1$，会选择边际产出等于投入与产出价格之比的投入品。一般农户是风险规避的，且投入为风险降低型，即 $\theta < 0$，$\partial g(x; \beta)/\partial x < 0$，则 $\partial f(x; \beta)/\partial x < W$。换言之，风险规避型农户相对于风险中性农户会更倾向于采用风险降低型投入品。综上所述，本章提出以下假说：

假说一："银保互动"能够有效促进农户对创新技术的采用。

假说二：风险厌恶的农户会倾向于选择低风险的传统技术，而偏好风险的人会选择风险大、收益高的新技术。

第三节　样本选取与田野经济学实验设计

一、数据来源和样本选取

本章数据来源于课题组 2017 年 7 月对黑龙江省松花江流域的木兰县、哈尔滨市呼兰区、通河县以及江苏省灌云县、句容市农户的实地调研，共获得有效数据 572 份。样本区域选择原因如前两章，此处不再赘述。在预调研中发现，每个市（县）的中心镇工商业相对发达，农户非农就业的比率较高，不符合样本条件，因此被剔除，然后从剩余的乡镇中随机选取。江苏省样本市（县）各乡镇耕地条件比较类似，每个乡镇随机选择两个村庄。而黑龙江省的样本县均濒临松花江，各村庄农田距离松花江远近不一；且耕地有地处丘陵与平地之分。为了避免距离江堤远近、耕地条件差异导致遭受洪灾概率不同而影响农户对"银保互动"的反应进而干扰实验结果，课题组在选取村庄时保证农田距离江堤 2 千米以内及 2 千米以上的村庄数相等，农田地势平坦与处于丘陵的村庄数相等。样本分布具体如表 6-1 所示。

表 6-1　样本分布情况

省份	样本市（县）	样本乡（镇）数	样本村数	样本农户数
黑龙江省	木兰县	4	8	210
	哈尔滨市呼兰区	3	6	126
	通河县	2	4	76
江苏省	连云港市灌云县	4	8	120
	句容市	3	6	76

在实验开始前，课题组从村委会获得村民名单并按照户主姓氏的汉语拼音字母顺序排序。受城镇化影响，约 1/3 的农户已搬离农村，村庄中实际户数小于名册中的户数。因此，课题组也随之缩小样本距离：户数在 50 户以下、51~100 户、100 户以上的村庄，样本选择距离分别为 2、4、10，然后按此规则随机抽取农户。为了确保被试者能够正确理解实验情境，被试者需要满足下列条件：①有过贷款或购买保险经历。②仍从事农业生产。③为家庭农业生产的主要决策人或参与决策人。如果抽到的农户不满足上述条件，则依次顺延。从样本抽取的过程来看，只有约 10% 的农户不满足上述条件并被淘汰，即样本中约 90% 的农户是随机抽取的，因此，样本不存在自选择问题，能够反映样本地区依然从事农业生产农户的真实情况。

二、实验设计

（一）控制组与处理组的设置

假设农户面临以下两种生产技术决策：低风险、低收益的传统技术和高风险、高收益的创新技术。创新技术的资金需求量超过农户自有资金，需要贷款才能投资。本章的目的是分析银保互动产品能否缓解农户风险配给，进而促进其采用新技术。主要通过观察两组农户行为差异来分析外部干预的影响，样本分组如果有偏将直接影响研究结论的准确性与外部有用性。为确保农户决策不受除实验干预以外其他外部条件的影响，每个村庄的农户被随机分入控制组和处理组：①控制组，该组农户在不受资金约束的传统技术以及需要贷款的创新技术之间进行决策。②处理组，该组农户在不受资金约束的传统技术和"银保互动"下的创新技术之间进行决策。如果农户选择创新技术，为其提供贷款的同时附加一份指数保险合同。该种分组方式旨在比较仅有贷款和有"贷款+保险"合同两种不同情境下农户技术选择的差异。

（二）实验情境的设置

1. 生产条件的设定

前期的预调研发现，两个样本地区的农业技术主要包括新种子、新型化肥与农药等。其中，种子对产量影响最大，农户最重视。因此，本章选择创新种子作为新技术的代表。为简化实验并排除其他变量对农户决策的影响，设定每个农户拥有相同的初始资源禀赋，即土地 10 亩和初始资金 4200 元。假定全部农户的生活成本相同，因此忽略不计。天气情况简化为受灾与正常两类。根据当地气象数据及灾害发生概率，确定实验中灾害天气的概率为 1/3。每一轮实验结束前由农户代表通过抽签的方式决定该轮实验中的天气状况。农户需在年度初始选择种子：1 号种子已种植多年、成本低、收益低；2 号种子为成本和收益相对较高的创新品种，受天气影响大，遭遇坏天气时损失是普通种子的1.7 倍。农户决策时并不知道当年的天气如何，因此是一种风险决策。购买 2号种子的农户需向银行贷款并需提供相应价值的抵押物，到期无法偿还贷款时，抵押物归银行所有。实验中涉及的主要参数如生产投入、种植收入等如表 6 - 2 所示。控制组和处理组实验均进行两轮，代表两个种植周期。

表 6 - 2　实验参数设定　　　　　　　　单位：元

实验	水稻种子	生产投入	好天气时种植收入	坏天气时种植收入	贷款	保费
控制组	1 号种子	4000	7000	0	0	0
	2 号种子	6000	12000	0	1800	0
处理组	1 号种子	4000	7000	0	0	0
	2 号种子	6000	12000	0	2000	200

2. 银保互动产品的相关介绍

该产品中的贷款是农户基本生产贷款，参照银行及农村信用合作社为农户贷款的情况：期限 10 个月，等于黑龙江水稻的一个种植周期，年利率 10% 左右。根据当地的气候条件，天气指数保险设计为水稻气温与降雨量复合指数保险，条款根据已试行该产品的安徽国元保险公司的保险合同设计。该产品在全国的试点较少，许多农户并不了解该产品，在实验开始前通过一个小游戏帮助农户了解产品同时熟悉实验情境。

（三）实验流程

为了避免农户互相交流影响实验结果的准确性，由每个实验员负责 4 个被试者，并用间隔板将他们分开以确保独立决策；实验前制作统一的实验说明手册以保证每个被试者接受的信息相同；实验员讲解实验说明时全部采用中性词语，尽量避免被试者受到实验员的暗示而产生需求效应。

1. 技术决策实验

在实验开始前，实验员向被试者介绍实验情境、主要参数以及需要由被试者配合完成的实验任务，并简单演示实验流程，然后将相关条件及参数制成传单发给农户以供查阅。在控制组中，农户首先进行技术选择，然后使用资源禀赋模拟生产，生产结束后由农户代表通过抽签的方式决定当年的天气。如果天气正常，选择 2 号种子的农户可以偿还贷款、拿回抵押物；如果天气恶劣，农户无法还贷，银行将没收抵押物。年度结束，由实验员计算农户该年度的资金结余并转至下一年。由于第一年遭遇坏天气的农户将面临破产，为了考察农户在真实情境下遇到此种情况时的选择，第二年又增加了退出选项（即退出农业生产外出务工），其他情形与第一年相同，实验再继续一轮。在处理组中，生产条件与控制组一致，唯一不同的是农户贷款时需要购买一份天气指数保险，保费为 200 元。当农户遭遇坏天气时，银行从保险公司获得 2000 元赔付后将抵押物归还农户。处理组实验开始前，首先进行一个关于银保互动产品的小游戏，让农户了解"贷款 + 保险"与一般贷款的区别，并通过几个选择题测试农户是否完全理解该产品。

2. 风险态度测试

根据 Dercon 和 Christiaensen（2011），Ward 等（2015）的研究，风险态度

影响农户决策。因此，实验借鉴 Holt 和 Laury（2002），Brick 和 Visser（2015）的方法设计了风险态度实验来衡量农户的风险偏好程度。风险偏好程度得分介于 1～12，数值越大，说明农户风险偏好程度越高（具体过程见第三章第二节中的风险测试游戏）。

第四节　实证分析

本部分首先将田野经济学实验中农户在不同情境下及不同风险偏好农户的技术选择数据等进行描述性分析，然后采用计量模型检验"银保互动"产品以及农户风险偏好对技术采用的影响。

一、变量的选取

（一）因变量

因变量为农户技术采用行为：选择传统种子赋值为 0，否则为 1。为了初步了解实验中不同组别农户在不同年度的技术选择分布情况，本章首先对农户的技术选择进行描述性分析。

如表 6-3 所示，在第一轮实验中，控制组中农户选择传统种子的比例为 40.21%，比处理组高 9.79%，说明他们可能受自然风险或信贷配给的影响而不愿意选择创新种子。在第二轮实验中，剔除由于破产而无法继续参加实验的农户后，控制组中有 180 人选择创新种子，占 70.31%；在处理组中，72.37% 的人选择创新种子，比控制组选择创新种子的比例高 2.06%。综合两轮的实验数据可以初步说明银保互动产品能够提高农户的抗风险能力，使农户更愿意且有能力选择高风险、高收益的新技术。

（二）自变量

本章核心自变量为农户是否购买银保互动产品：没有购买银保互动产品（即控制组）赋值为 0；购买银保互动产品（即处理组）赋值为 1。

表6-3　实验中不同组别农户技术选择情况　　　　　单位:%

选项	第一轮实验技术选择情况						第二轮实验技术选择情况					
	控制组		处理组		Diff（差异）		控制组		处理组		Diff（差异）	
	人数	占比	人数	占比	人数	占比	人数	占比	人数	占比	人数	占比
传统种子	115	40.21	87	30.42	-28	-9.79	58	22.66	65	22.73	7	0.07
创新种子	171	59.79	199	69.58	28	9.79	180	70.31	207	72.37	27	2.06
退出项	—	—	—	—	—	—	18	7.03	14	4.90	-4	-2.13
合计	286	100.00	286	100.00	—	—	256	100.00	286	100.00	—	—

（三）控制变量

已有研究显示，户主的个体特征、风险态度、农户的家庭特征及面临的资金约束等也是影响农户技术采用的重要因素（Ward 等，2015），因此，将相关因素列为控制变量，如表6-4所示。

表6-4　变量定义及描述性统计

变量	样本数	Mean	Dev	Min	Max
第一轮实验：技术选择（选择传统种子＝0；选择创新种子＝1）	572	0.647	0.478	0	1
第二轮实验：技术选择（选择传统种子＝1；选择创新种子＝2；退出＝3）	542	1.825	0.513	1	3
年龄（岁）	572	51.245	10.014	26	77
性别（男＝1；女＝0）	572	0.829	0.377	0	1
受教育程度（年）	572	7.175	2.740	0	16
家庭劳动力规模（人）	572	2.395	1.013	1	6
从事农业劳动力规模（人）	572	1.976	0.756	1	6
种植年数（年）	572	28.538	11.972	2	57
近三年是否有大事发生（是＝1；否＝0）	572	0.385	0.487	0	1
近三年是否申请过贷款（是＝1；否＝0）	572	0.311	0.464	0	1
是否经常收看农业电视节目（每天看＝1；经常看＝2；偶尔看＝3；不看＝4）	572	2.780	0.819	1	4
是否参与过技术培训（是＝1；否＝0）	572	0.479	0.500	0	1

续表

变量	样本数	Mean	Dev	Min	Max
是否有政府技术补贴（是 =1；否 =0）	572	0.122	0.328	0	1
近五年是否遭受自然灾害（是 =1；否 =0）	572	0.678	0.468	0	1
灾害损失占家庭收入的比例（%）	384	0.412	0.276	0	100
风险态度（0~12）	572	6.266	4.572	0	12
省份（江苏省 =0；黑龙江省 =1）	572	0.692	0.462	0	1

注："大事"指盖房买房、婚丧嫁娶、子女升入大学（大专）、大病治疗或其他需要资金量较大的家庭事件。

由表 6-4 可知，被试者以男性为主（占总体的 82.9%），平均受教育年限为 7.175 年，从事农业生产的平均年限为 28.538 年。38.5% 的农户家中近三年发生过盖房及买房、婚丧嫁娶或者大病治疗等需大量资金的事件。67.8% 的农户近五年遭受过自然灾害，且灾害损失达到四成左右。因受限于教育水平以及空余时间较少等因素，样本农户不经常观看与农业相关的电视节目；47.9% 的农户参与过当地的技术培训活动，这表明农户了解农业相关技术知识的渠道有限。

二、风险态度对农业技术采用的影响

风险态度是指人们在面对不确定情况时表现出的态度和偏好。已有研究表明，农户的风险偏好会对其农业生产及投入行为产生显著影响（侯麟科等，2014）。本章根据风险态度实验结果将农户的风险态度分为三类：风险态度得分为 0~4 时，表示农户为风险规避型；得分为 5~8 时，表示农户是风险中性的；得分为 9~12 时，说明农户是风险偏好型的。农户风险态度得分与其农业技术采用分布情况如表 6-5 所示。

由表 6-5 可知，在第一轮实验中，三种风险偏好类型农户选择创新种子的比例依次为 59.31%、59.83% 以及 72.77%，可以看出风险中性与风险规避型农户采用新技术的比例非常接近，而风险偏好型农户对新技术的采用意愿显著高于另外两类农户。第二轮实验的结果进一步证明了这一趋势。在剔除由于

表6-5 风险态度与农业技术采用统计分析 单位:%

选项	第一轮实验风险态度与技术选择情况						第二轮实验风险态度与技术选择情况					
	风险规避:0~4		风险中性:5~8		风险偏好:9~12		风险规避:0~4		风险中性:5~8		风险偏好:9~12	
	人数	比例	人数	比例	人数	比例	人数	比例	人数	比例	人数	比例
传统种子	94	40.49	47	40.17	61	27.23	57	22.66	26	24.30	4	18.78
创新种子	137	59.31	70	59.83	163	72.77	147	70.31	76	71.03	164	77.00
退出项	—	—	—	—	—	—	18	8.11	5	4.67	9	4.22
合计	231	100.00	117	100.00	224	100.00	222	100.00	107	100.00	213	100.00

破产而无法继续参加实验的农户并增加退出选项后,三种类型农户选择创新种子的比例依次为70.31%、71.03%和77.00%,均呈上升趋势。这一趋势表明农户风险偏好程度越高,农户对风险的承受能力也就越强,因此对于采用高风险的新技术的意愿可能也会越高。这初步验证了本章的假说二,但还需要进一步的实证检验。

三、模型设定

根据实验设计,第一轮中被解释变量为创新种子和传统种子二元选择。为检验银保互动对农户技术采用的影响,本章首先构建二元 Probit 模型来分析。基本模型如下:

$$\text{Prob}(\text{choice} = 1 \mid \text{Interlink}, x) = \varphi(\text{Interlink}\beta + x\theta) \quad (6-10)$$

其中,choice 表示农户种子选择情况,choice = 1 表示农户选择创新种子;Interlink 表示处理效应,即银保互动产品的作用,用来考察天气指数保险与贷款互动对农户技术采用的影响效应,控制组实验取值为 1,处理组实验则为 0;x 表示控制变量,包括户主年龄等(见表6-4);β 和 θ 分别为回归系数的估计值向量;φ(·)为正态分布的概率函数。

在第一轮实验中选择创新种子并遭遇坏天气的农户可能破产因而无法继续进行农业生产,针对此情况,在第二轮实验中增加了退出农业生产并外出务工选项（简称退出选项），农户的选择方案变为多元选择。因此，该轮实验数据运用 Multiple Probit 模型进一步检验银保互动对农户技术采用的影响。基本模型如下：

$$\text{Prob}(\text{choice}_i = j \mid X_i) = \text{Pro}\{\varepsilon_{ik} - \varepsilon_{ij} \leqslant (X_{ij} - X_{ik})\beta\} \quad (k = 1, 2, 3) \quad (6-11)$$

其中，choice_i 表示第 i 个农户技术采用情况，当农户选择传统种子时，$\text{choice} = 1$；当农户选择创新种子时，$\text{choice} = 2$；当农户选择退出时，$\text{choice} = 3$。j 和 k 均表示农户技术采用的选择方案；X_i 表示解释变量，包括处理效应 Interlink 和控制变量。

四、估计结果与分析

本部分用两轮实验数据分别采用 Probit 模型和 Multiple Probit 模型回归，分析银保互动产品对农户技术选择的影响。

（一）第一轮实验数据的 Probit 回归

本章首先采用 Probit 模型分析第一轮实验中银保互动产品及相关变量对农户技术选择的影响。如表6-6的回归结果所示，银保互动对农户的技术采用有显著的正向影响。样本农户购买银保互动产品的概率每提高 1%，农户采用新技术的概率将增加 0.098%。这是因为银保互动产品一方面降低了农户面临的信贷配给，帮助其进入信贷市场，解决了农户技术投资时面临的资金约束；另一方面为农户提供了分散风险的手段，降低了投资新技术的风险，因此对新技术的采用具有正向影响。Farrin 和 Miranda（2015）、Tadesse 等（2016）对非洲农户的研究发现，为农户提供风险管理手段后，农户对新技术的采用意愿增加。本部分的回归结果验证了当保险产品与信贷市场联结时，保险赔偿可以部分或全部偿还贷款，降低农户失去抵押物的风险，解决部分农户无法提供抵押物的困境，减弱农户自我选择的风险配给，从而激励农户进入信贷市场获得贷款，有助于促进农户对创新技术的采用。本章的假说一得到验证。

由表6-6可知，风险态度在 1% 的水平上对农户的技术采用有显著的正向影响，本章的假设二得到验证。这说明风险偏好程度越高的农户越倾向于选择新技术，具有冒险精神的人更愿意选择高风险、高收益的方案。这与 Giné

表 6 - 6　第一轮实验的 Probit 模型的回归结果

变量	估计系数	标准误	边际效应	标准误
处理效应	0.278 **	0.110	0.098 ***	0.038
风险态度	0.034 ***	0.013	0.012 ***	0.004
2014 年以来是否申请过贷款	0.146	0.125	0.051	0.044
近五年是否遭受自然灾害	0.062	0.132	0.022	0.046
是否经常收看农业电视节目	0.201 ***	0.071	0.071 ***	0.024
是否参与过技术培训活动	0.036	0.122	0.012	0.043
是否有政府技术补贴	0.301	0.181	0.106	0.063
年龄	- 0.002	0.011	- 0.001	0.004
性别	0.181	0.156	0.064	0.055
受教育程度	0.024	0.022	0.009	0.008
种植年数	0.003	0.009	0.001	0.003
近三年来是否有大事发生	- 0.149	0.116	- 0.053	0.040
常数项	0.320	0.556	—	—
Wald 统计值	36.96			
P 值	0.001			
对数似然值	- 353.067			
Pseudo R^2	0.050			
样本数量	572			

注：*、**和***分别表示在10%、5%和1%统计水平上显著。

等（2008），Farrin 和 Miranda（2015）的研究相符。他们的研究发现风险规避型农户往往选择非正规的风险管理方式，如亲朋好友之间的借贷、家庭存款等管理风险，风险承受能力较弱，不愿意承担生产技术投资带来的风险冲击。是否经常收看农业节目在 1% 的水平对农户的技术采用有显著的正向影响。这说明经常收看农业节目的农户通过电视节目可以了解农业技术方面的知识，有助于其对新技术的理解并促进其采用。在调研中了解到，由于缺乏经费支持，农技服务部门组织的技术培训较少，接受过技术培训的样本农户不到一半。因此，电视中的农业节目成为农户了解农业技术的主要渠道，从而对其技术采用行为产生了影响。

（二）第二轮实验数据的 Multiple Probit 模型回归

本章重点考察农户在银保互动情境下是否更愿意选择新技术，将创新种子选项作为参照选项。此外，第一年的技术选择及天气情况会影响第二年的选择，将其作为控制变量。回归结果如表6-7所示（仅列出显著的变量）。

表 6-7　第二轮实验的 Multiple Probit 回归结果

变量	选择传统技术			选择退出项		
	估计系数	标准误	边际效应	估计系数	标准误	边际效应
处理效应	-1.431**	0.220	-0.080***	-2.327***	0.788	-0.072***
第一年的技术选择	-2.720***	0.235	-0.383***	-0.056	0.331	-0.002
第一年的天气	-0.643**	0.258	-0.052	-2.553***	0.374	-0.053***
种植年数	-0.030*	0.016	-0.004*	-0.036	0.022	-0.001
2014年以来是否申请过贷款	0.489**	0.233	0.062**	0.605	0.354	0.011
省份	0.111	0.307	0.018	-1.842***	0.599	-0.054***
风险态度	-0.089	0.056	0.001	-0.102*	0.057	-0.003*
种植规模	-0.003	0.002	-0.0004	-0.007**	0.003	-0.0002*
常数项	1.405	1.152	—	5.048**	2.388	—
样本量	542					
Wald 统计值	177.700					
P 值	0.000					
对数似然值	-221.567					

注：*、**和***分别表示在10%、5%和1%统计水平上显著。

表6-7的回归结果显示，处理效应（银保互动产品）对农户选择传统种子和外出打工分别在5%和1%的水平上有显著的负向影响。说明购买银保互动产品的农户比未购买银保互动产品的农户选择传统种子和外出打工的概率分别下降0.080%和0.072%。这一结果意味着，当其他条件不变时，为农户提供银保互动产品后，农户在三个选项中选择创新种子的概率将显著增加。该结论与 Carter（2011）、Tadesse（2014，2016）、Farrin 和 Miranda（2015）的研究结果一致。他们的研究发现，保险与贷款联结能够实现降低自然风险与贷款

违约率两个目标的均衡，在提高农户技术采用率的同时保证农村信贷市场的可持续性。因此，银保互动产品不仅能有效分散风险，还有助于缓解农户的信贷约束，从而影响其投资决策，进一步验证了本章的假说一。

第一年的技术选择、天气情况以及农户的种植年数分别在 1%、5% 和 10% 的水平上显著负向影响农户选择传统技术。这说明第一年选择创新种子的农户在第二年选择传统种子的概率较低。这是因为选择创新种子的农户在正常天气情况下获得的收益高于传统种子，其在第二年依然愿意选择创新种子；第一年天气正常情况下农户在第二年选择传统种子的概率比受灾情况下农户选择传统种子的概率低；种植年数长的农户比种植年数短的农户选择传统种子的概率低；近三年是否向银行申请过贷款变量在 5% 的水平上显著且系数为正，这说明近三年有过贷款经历的农户选择传统种子的概率比没有贷款经历的农户高。在退出项选项中，第一年的天气情况、省份、风险态度以及种植规模变量分别在 1%、10% 以及 5% 的水平上显著且系数为负，说明黑龙江省农户更倾向于选择继续生产，风险偏好越高以及种植规模越大的农户选择退出选项的概率越低。

第五节　进一步分析

农业技术是现代农业发展的重要驱动力。2017 年中央一号文件提出要加强农业科技研究与推广，引领现代农业加快发展。农户是农业技术转化为生产力的最终载体，先进的农业科技成果只有被农户采用才能转化为生产力投入农业生产中。如前文的理论分析所述，一般的农户是风险规避型的，加之收入低、资源有限、抵抗风险的能力差，倾向于选择低风险、低回报的技术，这是发展中国家农户不能脱离贫困陷阱的重要原因（Dercon 等，2011）。将新型农业技术应用于农业生产能够提升农业生产率，促进农业经济增长和农民增收（宋金田和祁春节，2013）。但全国的农业技术转化率仅为 35% ~ 50%，远低于发达国家的75%~80%，一些先进适用的农业技术未能得到有效推广。保险在一定程度上替代了抵押品，受保后的农户可以进入金融市场并获得技术投资所需资金，促进了农户对先进技术的采用。这可以提高农户收入与福利水平，有利于消除贫困与收入不平等（Ghosh 等，2000）。Ahsan 等（1982）的理论分析发现，农业保险作为一种正式的风险管理工具，通过风险时间与空间的分散，提高农民的风险承受能力，农户更愿意将资源配置在有风险的技术投资方面，提高了资源的配置效率，从而达到帕累托最优。本章的研究结果进一步证实，为农户提供银保互动产品能够在一定程度上影响农户的生产投资行为，促进农户对新技术的采用，从而提高农户收入，刺激农业经济的不断增长，有利于实现金融服务三农的政策目标。

第六节　主要结论

本章采用田野经济学实验的方法，以黑龙江省与江苏省农户为研究对象，获取农户在不同情境下技术选择的动态数据，并采用 Probit 及 Multiple Probit 模型实证分析了银保互动产品对农户技术采用的影响。得出以下主要结论：

第一，银保互动产品对农户的技术采用有显著的正向影响。样本农户购买银保互动产品的概率每提高1%，其采用新技术的概率将增加0.098%。这是因为银保互动产品一方面降低了农户面临的信贷配给，帮助其进入信贷市场，解决了农户技术投资时面临的资金约束；另一方面为农户提供了分散风险的手段，降低了投资新技术的风险，因此对新技术的采用具有正向影响。

第二，风险态度是影响农户技术采用的主要变量，在1%的水平上对农户的技术采用有显著的正向影响。风险规避型农户往往选择非正规的风险管理方式，如亲朋好友之间的借贷、家庭存款等管理风险，风险承受能力较弱，不愿意承担生产技术投资带来的风险冲击；风险偏好型农户更愿意选择创新型技术以获得更高的收益。

第三，第一年的技术选择、天气情况以及农户的种植年数分别在 1%、5% 和 10% 的水平上显著负向影响农户选择传统技术。这说明第一年选择创新种子的农户在第二年选择传统种子的概率较低。第一年天气正常情况下农户在第二年选择传统种子的概率比受灾情况下农户选择传统种子的概率低；种植年数长的农户比种植年数短的农户选择传统种子的概率低；近三年是否向银行申请过贷款变量在 5% 的水平上显著且系数为正，这说明近三年有过贷款经历的农户选择传统种子的概率比没有贷款经历的农户高。在退出项选项中，第一年的天气情况、省份、风险态度以及种植规模变量分别在 1%、10% 以及 5% 的水平上显著且系数为负，说明黑龙江省农户更倾向于选择继续生产，风险偏好越高以及种植规模越大的农户选择退出选项的概率越低。

第七章　关于天气指数保险的
国际经验

　　长期以来，农业一直是世界各国政府关注的重点。为促进本国农业和农产品在世界市场中可持续发展并保有强大的竞争力，以美国为首的西方农业发达国家持续投入了大量的财力来规划农业发展并制定各项惠农政策。从国外天气保险的发展过程看，天气指数保险能有效地分散地震、飓风、海啸、洪水等灾害性天气所造成的巨大财产损失和严重人员伤亡风险，能够转移一般天气风险带来的损失，已经成为发达国家及一些发展中国家重要的农业风险管理金融创新工具。在一些发达国家，近年来利用天气指数保险及天气衍生品市场进行农业风险转移不断发展。在世界银行及联合国粮农组织等国际组织的支持下，发展中国家近年来也积极探索农业天气指数保险制度与天气衍生品市场，为农业风险转移提供了保障。因此，本章选取了 5 个天气指数保险项目发展较完善的国家：加拿大、美国、日本、印度和墨西哥，探讨这些国家的天气指数保险发展经验和对我国的启示。

第一节　加拿大天气指数保险的发展经验及启示

一、加拿大农业特点和指数保险发展概述

　　加拿大位于北温带，是世界上农业、农业保险最发达的国家之一，也是世界上重要的农产品的生产国和出口国之一。虽然加拿大的主要区域属于北欧形态的大陆性气候，阳光充沛，四季分明，但由于国土面积较广，地形差异较大，不同区域的气候条件呈现不同特征。

　　受地形及经纬度的影响，加拿大的耕地面积只有 4600 万公顷左右，不足国土面积的 5%。以气候条件多样性、土壤类型和地理环境来划分，加拿大主要有四个农业区域：大西洋区域、中部区域、大草原区域和太平洋区域。但加拿大 80% 左右的耕地面积主要集中在大草原区域即阿尔伯塔（Alberta）、萨斯喀彻温（Saskatchewan）和曼尼托巴（Manitoba），该地区土壤类型与我国东北地区相似，主要是棕壤和黑土，土壤肥沃，适合发展种植业，但是降水量较少。中部地区降水量适中、气候温暖，是仅次于大草原地区的重要农业生产区，而其他农业地区受地形与耕地面积的影响，主要发展畜牧业以及种植相关的饲料和经济作物。

　　基于农业产值在加拿大总产值中的重要地位、农业天然的脆弱性以及农场主对气候的应变能力较小等特点，为了保证农业产值的稳定，加拿大政府很早便开始农业保险方面的研究和实践。20 世纪 30 年代加拿大政府开始着手构建以价格支持措施为主的农业政策框架，在 1959 年开始实施政策性农业保险，并于 1977 年引入地区产量指数保险，20 世纪 90 年代经过大量的理论研究与实践，加拿大的天气指数保险逐渐发展成熟，成为 21 世纪发展中国家试点的主要参考对象。

　　加拿大对农业天气指数保险的推广与运用走在世界前列，到目前为止，加

拿大国家农业金融服务保险公司（AFSC）共推出三种天气指数保险。

第一，气温保险。理赔依据是温度与作物生长速度及产量之间的关系，保险期从每年5月15日至第一次霜降为止，如果该地区的累计温度低于或等于过去若干年累计平均最低气温2℃时，保险公司就会依据保险合同进行赔付。

第二，卫星云图湿度保险。为了弥补牧场植被指数的不足，推出卫星图像指数保险，获得了更加可靠和科学的实时动态数据。卫星云图湿度保险是由卫星对保险地区进行湿度监测，当比过去三年平均湿度低80%及以上时，保险公司将依据合同进行赔付。

第三，降水量不足保险。由于加拿大主要农业区降水量不足，且在1961年的罕见大旱中，损失严重，降水量不足的指数保险成为加拿大农场主需要、政府亟待发展推广的类型。该保险以合同中指定气象站发布的降雨量数据作为理赔依据，参保人可以选择农作物生长季节的各个月份作为组合，如果保险年度降雨量低于保险公司测定的以往年度正常降雨量的80%，参保人就可以根据合同获得赔付。

二、加拿大指数保险的特点

作为农业保险发展历史最为悠久及发达的国家之一，加拿大在运行与推广天气指数保险中具有如下特点：

第一，政府深度参与的农业保险发展模式。在加拿大的指数保险推广与运用中，政府在农业保险体系中起主导作用。每个省有一家政府设立的"农作物保险公司"，专门从事农业保险业务，且每个省的农业保险公司都必须与加拿大联邦政府签订协议，农户参保的保费补贴由联邦政府和各省政府共同承担。加拿大联邦政府设立农业部，省政府设立省农作物保险局专门负责农业保险业务。他们负责制定农业保险制度，分摊经营与补助费用，并监督政府财政补贴的使用情况。

第二，定量与定性结合。针对不同农业区域的气候条件，制定细致的保险规则，规定保险赔付标准。

第三，结合现代科技、以农场主的需求为基础。加拿大保险公司以先进的气象测度技术为支撑，每年在制定保费和赔付率前进行大量的调研与全面评估，并向各地区的农场主发放调查问卷，了解农场主的需求与心理偏向。

第四，重视立法保障，给予政策支持。1933年政府制定了《草原农场援助法》。1950年以后政府陆续出台了一系列保护农业的法案，并在1959年制定了联邦《农作物保险法》。历经80多年的持续改革与发展，加拿大政府已经形成了较成熟的农业政策支持框架。

虽然天气指数保险在加拿大发展得比较成熟，但仍需要注意以下几个问题。首先，加拿大政府通过提高保险水平和保费补贴水平来吸引农户投保，中央和省两级政府为投保人提供60%左右的保费补贴，这可能会造成联邦政府和各省政府财政压力。其次，受全球气候变暖等影响，加拿大气候不稳定的概率上升，需要保险公司制定更加灵活的保险规则。最后，存在不同的基差风险，数据要求较高。为了降低基差风险，需要将土壤和气候相似的农场尽可能多地聚集在一起。在加拿大魁北克省（Quebec），随着新数据的变化，边界经常被重新划定，虽然花费较长时间但收集的数据质量较高，因此与安大略省（Ontario）相比，基差风险较小。

三、加拿大天气指数保险发展对我国的启示

加拿大实行联邦、省、市三级政府管理体制，与我国政治体制存在一定的相通之处，因而在运用与推广天气指数保险时可以借鉴相关经验：

第一，充分发挥卫星、遥感等技术在农业保险中的应用，提高数据的科学性和指数的准确性与匹配性，降低基差风险。

第二，努力推进构建多元主体的农业保险体系，加拿大的保险模式提高了农民的投保意愿，但同时给财政部门带来一定的保险赔付压力。因此，我国在强化政府的引导和扶持作用的同时，应以非营利性且强制性的政策性农业保险为主体，并发挥商业性保险公司的辅助作用。

第三，加强立法保障与保险制度的建设。尽管我国已经实行了《农业保险条例》，但并未得到普遍的应用，与发达国家完善的农业保险体系相比，我

国还有较大的进步空间。另外，可以引入发达国家的再保险和风险基金制度，最大限度地减少农户的损失，提高投保率。

第四，政府牵头多部门合作，建立信息共享平台。目前，天气指数的推广与运行需要专业的气象以及其他数据，而一些商业性保险公司无法获取。因此，我国政府可以以指数保险为中心建立一个信息共享平台，促进保险行业的发展与创新。

第五，因地制宜、与时俱进地制定保险规则，提高赔付力度。我国对农业保险的赔付水平相比较低，不能吸引更多的农户投保，政府及保险公司应参考加拿大开展试点与推广的经验，多次进行实地调研与农户需求调查，因地制宜地制定保险规则和赔付率，并提高农业补贴。

第二节　美国天气指数保险的发展经验及启示

一、美国农业特点和指数保险发展概述

美国本土气候类型多样，但大部分地区是温带大陆性气候，以中部中央平原为主。由于地势低，冬季，来自北冰洋的冷空气容易南下，气候寒冷；夏季，来自墨西哥湾的暖湿气候容易北上，导致气候炎热，气温较高，湿度大。加之密西西比河和五大湖流域的灌溉水源，发展了商品谷物农业，南部发展了棉花带，北部发展为小麦带。西部高原受地势影响，在西风带背风坡，降水少，气候干燥，年温差高，为温带草原，适合发展大牧场放牧业；东北部地区，人口、城市、工业密集，农业发达，为商品谷物农业区的玉米带，利用玉米为原料，发展了乳牛业。美国农业属现代农业，生产过程高度地机械化、电气化、化学化和良种化。农业生产效率高，产量大，大规模使用农业机械，实现了农业的现代化管理。

美国从 1939 年开始实施农作物保险计划，至今已有 80 多年的历史。

1980 年，《联邦农作物保险法案》通过后，美国已形成了一个较为完善的政策性农业保险体系。该体系分为传统保险和指数保险。传统保险有农作物巨灾风险保障、历史产量计划和农作物收入保险等；指数保险有植被指数保险、降雨指数保险、团体风险计划、牲畜风险保障、牲畜毛利保险、地区收入保险和调整总收入保险等。美国自 20 世纪 90 年代以来，陆续研发并投入使用了以县级产量为单位的地区产量指数保险、降水指数保险、草地和牧场的绿色指数保险等。

二、美国指数保险的特点

（一）专项险种丰富多样

美国各类农业指数保险产品多达 50 余种，承保农作物及牲畜种类共计 131 种。承保风险和承保品种非常丰富。在承保风险层面包括价格保险、收入保险、产量保险、毛利保险等；在承保品种层面包括粮食作物如玉米、小麦、稻米和高粱等，经济作物如菜籽油、向日葵、甘蔗、油菜等，水果如苹果、香蕉和蓝莓等以及其他经济作物如烟草、鲜花、果树、牧草和牲畜等。

（二）政府主导、私营商业保险公司经营模式

该模式以政府设置的保险机构主导，以政策性农业保险为主。联邦农作物保险公司制定规则并负责监督，同时提供再保险，政府对参保农户给予补贴；而农作物保险的直接业务全部由商业保险公司经营或代理，联邦政府为承办的私人保险公司提供 20% ~ 25% 的财政补贴。此外，政府承担联邦农作物保险公司的各项费用。该模式的运作有比较完善的法律法规可依。通过优惠政策吸引商业性组织进入该模式，最终政府退出、实现市场主导农业保险的格局。

该制度先是一种强制安排，通过诱致性制度实现制度的演进。政府对农业保险采取自愿与强制性保险相结合的方式。

（三）再保险风险分散机制科学有效

再保险公司发行天气指数债券，资金投资于高等级的固定收益债券。如无保险事故发生，投资者得到本金及利息；如约定的保险事故发生，再保险公司

将延期或不支付部分本金或利息，把筹得的款项用于保险赔偿。

三、美国天气指数保险的经验启示

（一）更新和完善经营机制

美国农业指数保险有统一的管理机构和完善的法律保障，因此，经营体系比较完善。美国农业部专门成立了风险管理局，负责批准相关作物保险计划。联邦农作物保险公司负责保险费率的核算、管理费和补贴等事项，而私营保险公司则负责保险的销售与理赔。对于我国而言，应借鉴美国的模式，结合我国经济发展现状，建立符合我国国情的农业保险经营模式，进行模式与制度创新，建立完善的农业风险转移机制。加强保险与信贷的结合，为农业提供风险保障，促进农业保险与金融市场的协调发展。

（二）加强再保险体系构建

农业再保险的功能是分散农业保险的风险责任。自然灾害频繁发，农业再保险尤为重要。农业主管部门应调动国内外再保险公司的积极性，制定合理的农业再保险分保方案，支持农业保险公司健康发展。为分散系统风险，政府应向保险公司提供费用较低的再保险服务，以支持农业保险的发展。

（三）满足天气指数保险先决条件

天气指数保险大规模推广和应用，需要满足一定的前提条件，主要包括真实的历史数据、相关机构的支持、周全的营销计划、保险公司的积极参与以及相对完善的法律和监管制度。美国国际开发署在"低收入国家的天气风险"报告中总结如下：建立天气灾害造成损失的数据库；天气指数必须很好地与损失相关联；事件可观察且易于测量；天气变量的测量应涉及第三方；用以定价风险的相关历史数据完善；利益相关者必须做出承诺；具有稳定的政治和经济环境。

第三节　日本天气指数保险的发展经验及启示

一、日本农业特点和指数保险发展概述

日本是位于东亚的太平洋岛国，由于所处地理位置和地质构造非常特殊，台风和地震等极端自然灾害发生较频繁，因此，日本受自然灾害影响较大。巨灾风险的发生使日本的社会经济发展面临着严峻的挑战，巨灾风险管理尤为重要。日本农业是典型的小农经济，个体家庭分别从事农业生产活动的特点，使其抵御巨灾风险的能力较低。为此，日本建立了农业巨灾风险体系，有效地抵御了巨灾风险对日本农业的消极影响，也为日本农业保险体系的完善提供了良好的外部政策环境。日本的农业保险最早可溯源至 18 世纪，日本学习了明朝的"广惠仓""设仓"制度，建立仓储与后备，政府用来作为灾害救助的储备。

在全球气候变化的背景下，巨灾风险管理体系的完善也更加重要，尤其是天气指数保险的管理。我国在天气指数保险方面没有完善的法律规章制度。日本是较早试行农业天气指数保险的国家之一，其农业生产环境与我国类似。因此，研究日本农业天气指数保险体系对于我国建立科学有效的农业保险体系有积极的借鉴意义。

1999 年，三井住友保险公司开发出第一份天气指数保险合同。随后，越来越多的公司开始经营天气指数保险，并成功应用于对天气敏感的各行各业。21 世纪的第一个十年，日本天气指数保险的规模以每年 20% 的速度增长。2013 年，日本的大藏省与金融监视厅的数据显示，整个日本市场天气指数保险的规模已经超过 1000 亿日元（约合人民币 63.75 亿元）。其中最具代表性的是三井住友公司的"樱花险"。到 2016 年，日本农业天气指数保险发展日臻完善，日本农业天气指数保险的发展历程如表 7 - 1 所示。

表 7 - 1　日本农业天气指数保险的发展历程

时间	主要特点
1999 年，农业天气指数保险开始出现	第一份农业天气指数保险由三井住友保险公司出售
1999 ~ 2013 年，天气指数保险产品新品种不断出现	保险公司对天气敏感行业进行关注与投入，出现"樱花险"和"酷暑险"等险种
2013 ~ 2016 年，农业天气指数保险成熟和完善	保险公司相继推出"晴空万里险""夏季异常天气险""梅雨险""台风险"等

二、日本天气指数保险的特点

从 2016 年开始，日本的农业天气指数保险日趋成熟，形成了富有特色的天气指数保险险种。相对于普通保险，日本农业天气指数保险有其独特之处。

（一）具备多层次互助式特点

从农业天气指数保险的组织体系来看，日本农业保险体系包括基层村级保险相互会社，都、道、府三级的农业互助组联合会和中央级全国农业保险协会三个层次，根据不同程度的自然灾害，各个级别承担不同的责任。基层的保险相互会社是农业保险体系有效运行的基础。这种三级式的农业保险体系非常适合日本国土面积小、受灾频率高的现状。

（二）强制与自愿相结合

日本实行立法支持本国农业保险发展，采用自愿与强制相结合的方式。日本政府对于种植面积超过一定规模的农作物实行强制参保，对于小规模种植的农作物实行自愿参保。自愿与强制相结合不仅能够为大部分农户提供保障，而且有利于提升农户的投保积极性。为让农户更好地接受农业天气指数保险，不论是自愿参保还是强制参保，政府都会提供一部分保费补助，同时政府提供巨灾再保险补贴。

（三）重视立法保护

通过强制参保，可以保证参保人数达到一定规模，发挥保险大数效应的作用。因此，日本农业天气指数保险的推行者依靠政府的力量，形成了日本农业保险体系。政府为农业天气指数保险的发展提供了政策与立法支持。日本于

1929 年颁布了《牲畜保险法》，随后政府对相关农业保险法进行完善。

三、日本天气指数保险发展给我国的经验启示

日本农业天气指数保险的出现和发展都远快于中国，已经形成了比较成熟的农业天气指数保险体系。以下几个方面可供中国天气指数保险发展借鉴。

（一）加大产品创新力度，激发农户有效需求

根据各地区不同的气候条件及农作物品种及其生产情况，设计个性化的天气指数保险。"一刀切"的产品设计为保险公司的经营提供了方便，但不利于业务扩大，公司丧失了分散风险的基础，加大了经营风险，不利于保险业务的长期发展。因此，应设计符合当地特点的产品，以扩大承保对象。目前，中国农业天气指数保险承保范围较小，有些大宗经济作物还未包含在内。保险公司应扩大承保对象，进行天气指数保险销售模式的创新，加强金融机构的合作。此外，还应该扩大销售对象至涉农企业、农业合作社、信贷机构等，扩大销售范围。

（二）提高保障水平，加大赔付力度

中国农业保险的保障水平仅能够补偿物化成本，没有真正赔付农民的损失，这影响了农户参与的积极性。因此，为了吸引农户参保，应提高保障水平至 70% ~ 100%。不同的保障水平设计不同的费率，满足农户不同层次的需求，提高农户的参保意愿，同时避免道德风险和逆向选择。

（三）发挥政府"守夜人"的作用，提升农户保险信任度

天气指数保险对于农户而言是新事物，农户对其信任度较低。因此，政府应出面对农户进行天气指数保险的宣传与推广，使农户了解该产品，提升农户对产品的信任度，鼓励农户参与。由于农户的保险知识水平有限，对保险的参与率不能马上提升，因此可以借鉴日本的做法，自愿和强制相结合，提高农业保险的参与率。

（四）提高投保意识

政府应充分利用各种官方宣传手段，如公众号、官方网络、报纸、杂志等对"天气风险"的危害进行宣传，加强公众对天气风险不利影响及对经济破

坏程度的了解，提高对天气风险管理重要性的认识，这样有利于天气指数保险的推广。可将天气风险管理手段、运行机理及流程制作成简单易懂的宣传册，对天气风险保险进行介绍，使公众了解天气风险是可以通过科学的手段进行分散和转移的，并强化公众的天气风险管理意识，降低整个社会的风险。

（五）加大政府对气象观测站点的建设与维护力度

提高气象数据的精确度与覆盖面，为设计精确的指数保险打下坚实的基础，因为天气指数保险产品的设计需要精确的气象资料。我国气象站等基础设施虽然比较完备，已经能够初步形成可靠的历史数据，但是覆盖的密度还不能满足大面积设计天气指数保险产品的需要。因此，政府需要加强气象基础设施和气象信息数据搜集技术的建设，为保险公司设计精准、合理的天气指数保险产品提供坚实的数据基础。

总之，天气指数保险应符合中国农业生产的特点，并借鉴国外先进经验，吸纳其有用成果，形成政府引导扶持、企业自主发展、农户积极参与的局面，促进天气指数保险的可持续发展。

第四节　印度天气指数保险的发展经验及启示

一、印度农业的特点和指数保险发展概述

印度位于北纬8.4°～37.6°，因纬度跨度大，气候差异很大。印度的气候主要有热带季风气候、热带雨林气候、亚热带季风性温润气候、高山气候以及沙漠气候五种。印度的气候类型虽然较多，但热带季风气候占据了大部分地区，终年高温。季风气候随风向变化分为旱季和雨季。旱季，干旱少雨；雨季，降水集中且量大。印度的降雨量季节变化较大，容易造成水、旱灾害频繁交替发生。

印度是世界上耕种面积最大的国家，且人口众多，因此，农业是印度经济

发展的重要基础。为了应对自然灾害对农业的影响，印度对传统农业保险进行创新，希望能够创新出一种可以应对天气变化的新型保险。

印度的天气指数保险计划（WBCIS）最早起源于 2003 年，由英国友诚保险公司（ICIC Lombard）开发出天气指数保险，仅面向印度第三大农业信贷机构（BASIX）① 的贷款者销售，开始了印度农业天气指数保险的首次试点。经过 4 年的试行，在不断收集农户意见的基础上不断完善，试点区域覆盖面不断扩大、承保的农作物和风险种类更多。随着印度农民化肥合作社和日本保险公司合作的 IFFCO – TOKIO②、印度农业保险公司（AIC）等加入，天气指数保险产品种类繁多，日趋繁荣。至 2012 年，天气指数保险计划已在 19 个州实施，涵盖所有农作物。至 2013 年，WBCIS 为印度 4700 万农民提供了 470.82 亿元人民币的赔付，保费收入达到 66.97 亿元人民币。WBCIS 计划于 2016 年整合为新的天气指数保险计划（RWBCIS）。

二、印度天气指数保险的特点

印度的天气指数保险分为两类：第一类是嵌入式天气指数保险产品；第二类是纯保险型的天气指数农保产品。第一类保险产品是由非保险公司经营，由印度农业信贷机构 BASIX 研发，称为降雨指数保险。第二类保险产品是由农业保险公司开发的产品，国家特许专业的农业保险公司的 AICIL，将其与自身主营业务合并加以推出，并不断推新。

AIC 保险公司的天气指数保险品种繁多，其中最典型的是降雨指数保险，一般称为 Varsha Bima。由四个相互配合的品种组成：总降雨量保险（SRI）、降雨分布指数保险（RDI）、误耕保险（SFI）和 Vegetative Phasw 保险。有关这四种保险的承包风险和保险利益及实施情况，如表 7 – 2 所示。

---

① BASIX 是印度的一家生计促进机构，成立于 1996 年。为 350 多万客户提供服务，其中 90% 以上是农村贫困家庭，10% 是城市贫民。BASIX 的宗旨是通过提供金融和技术服务，促进贫困人口和妇女的可持续生计。BASIX 的战略是生计促进服务，主要包括金融包容性服务（FINS）、农业/商业发展服务（Ag/BDS）和机构发展服务（IDS）。

② 又称 ITGI，是一家由东京海洋和日本消防集团、印度农民化肥合作社（IFFCO）及其联营公司组成的企业。

表 7 - 2　印度四种天气指数保险对比

种类	承包风险	保险利益和实施情况
总降雨量保险	生长期内总降雨量低于正常降雨量	指数短缺20%起赔；赔偿额递增，指数短缺80%时赔偿100%
降雨分布指数保险	生长期内降雨量分布低于合约分布	指数短缺20%起赔；短缺90%时赔偿100%
误耕保险	耕种期降雨量短缺	短缺80%时全额赔偿
Vegetative Phase 保险	发芽阶段降雨量短缺	短缺80%时全额赔偿

AIC 公司除了典型的降雨指数保险，还包括经营咖啡等经济作物降雨/产量的保险、小麦卫星图像保险以及马铃薯由于湿度和温度而造成的晚疫病风险的保险等。尽管天气指数保险品种众多，但印度天气指数保险的共同特点是：第一，由专门的农业保险公司（AIC）公司运行，政府给予财政和政策上的支持；第二，保险市场化、农民可自愿投保、覆盖范围广、面向所有农户；第三，运用遥感等新技术，需要有系统的气象设施和历史数据以及公共气象部门的支持；第四，天气指数保险与农民的信贷联系在一起，农民需要获得信贷以购买 WBCIS 的农作物保险等。

同时，天气指数在印度实施运行的过程中也面临着大量的问题：第一，存在气候周期的系统性风险；第二，存在基差风险；第三，自然灾害承保能力低；第四，对保险市场管制太严；第五，农民将农业保险看作是一项额外支出，而不是一种风险管理工具，当自然灾害造成农作物减产时，农民更倾向于政府的农业救济金；第六，不是所有的农民都能够承受保险的支出。

三、印度天气指数保险发展给我国的经验启示

尽管印度的天气指数保险存在着缺陷，但还是有很多值得中国借鉴的地方。

第一，组建专门的农业保险公司或类似机构统一管理农业保险。我国也有专业的农业保险公司，比如安华农业保险公司、上海安信农业保险公司以及其他涉及农业保险的公司。但农业保险公司之间信息交流不畅，这在一定程度上

阻碍了天气指数保险的发展，因此，我国需要一个能够统一管理相关公司的机构或者规定专门的农业保险公司才能经营农业保险。

第二，借鉴国外银保互动的经验，扩大指数保险试点，创新"指数保险与农村信贷互动"的信贷产品。

第三，构建政府、保险公司、农村金融机构、农业合作社等基层组织和气象局等多方协作的农业风险管理体系，发挥协同效应。

第四，缩小基差风险。基差风险抑制了天气指数的发展，降低了农业风险管理的效果。应通过完善产品的设计，提高产品的精度缩小基差风险。

第五，加强产品的创新，从气象设施、气象信息体系建设入手，为天气指数保险产品的创新提供坚实的数据基础，促进我国保险产品的创新。

第六，加强关于天气指数保险宣传教育。促进农户对天气指数保险产品的了解，提高农户的参与率，推动天气指数保险产品的发展。

第五节　墨西哥天气指数保险的发展经验及启示

一、墨西哥农业特点和指数保险发展概述

墨西哥气候复杂多样，多高原和山地，垂直气候特点明显。国土面积中湿热地区占 4.8%，干热地区占 23.0%，温带地区占 23.1%，干旱地区占 28.3%，极干旱地区占 20.8%[①]。这种气候特点导致墨西哥农业具有明显的二元化。全国农业分为两种类型：一种是北部和西北部地区较为发达的大农场，实行大面积耕作、机械化程度较高、灌溉系统和基础设施较好；另一种是位于中部和南部地区的传统小农经济，主要农作物是玉米，单位面积产量低，经营规模小，耕作方式落后，全国 60% 的产量来自 10 公顷以下的农场。

---

① 资料来源：墨西哥驻中国大使馆经济商务处官网，http://mx.mofcom.gov.cn/article/ddgk/zwqihou/201505/20150500962296.shtml。

墨西哥农业受天气影响较大,80%的农业灾难是干旱引起的。为应对引发巨大经济损失的天气现象,1995~2003年,墨西哥政府和州政府花费约3亿美元用于救灾。此外,由于土地分割(60%以上的农民拥有不到5公顷的土地),庞大的行政成本和系统性风险阻碍了私营保险公司的发展,墨西哥私营农业生产保险覆盖率不足。为了有效地支持小规模生产者、补足缺乏私营保险公司和救灾资金预算高度不确定的缺陷,国有保险公司(Agroasemex)实施了天气指数保险计划,之后该公司把项目转给墨西哥政府的联邦和州救济署(PACC),由政府来实施该项目。

该项目将干旱和洪涝作为风险事件,以降雨量为指数,分为旱灾和涝灾两种情况,所需的降水数据由政府的气象部门负责提供。自2003年以来,每年州一级的官员都会在季节开始前向联邦官员建议投保面积(考虑的公顷数和县数)。联邦政府支付70%的保险费,州政府支付剩余的30%;对于贫困程度高的县,联邦政府和州政府分别承担90%和10%的费用,同时在国际市场购买再保险。在灾害发生时,赔偿款项直接支付给农户。如果存在基差风险,政府使用应急资金来弥补未能赔偿的损失。

2003年,墨西哥只有5个县提供指数保险;2008年,该保险覆盖了656个县,总面积达190万公顷,覆盖了四种作物:玉米、大麦、豆类和高粱。保险对象主要是玉米,占保险面积的81%(150万公顷)。该项目确保了非灌溉农业生产不受干旱影响。2010年,天气指数保险已覆盖全国33个州的77%,保费收入为40.52亿元人民币(折合6.28亿美元),赔付5.2亿元人民币(折合8100万美元;按照1美元=6.4525元人民币折算),受益农户达到320万人。

二、墨西哥天气指数保险的特点

(一) 是一种预算管理工具

Agroasemex联邦机构自2001年成立以来,一直为墨西哥政府提供独家的保险设计。而天气指数保险项目设计的初衷是便于政府预算规划,旨在产生一个预算规模没有波动的事前防灾战略。该项目作为一种预算管理工具,提前对灾害进行年度预算规划，最大限度地减少干旱造成的灾难性事后支出。该项目为小规模农民提供生产保险，但农户不需要支付保险费，保费由墨西哥政府和州政府联合负担，从年度预算中安排资金购买保险，这保障了墨西哥政府预算计划的实施。

尽管政府支付的保险赔偿在预算之内，但对于像墨西哥这样覆盖范围大的天气指数保险项目来说，政府突然赔偿款项可能导致玉米价格迅速上涨。尤其农村地区没有很好地融入更大的市场，而玉米又是必需品，其价格需求弹性非常低。由于通货膨胀，天气指数保险未覆盖的家庭、贫困的非农业人口或生产其他作物的公司，将特别脆弱。

（二）促进衍生品市场发展

墨西哥是一个自然灾害风险分散机制比较完善的国家，主要通过采用市场融资机制的自保基金（FONDEN 和 FAPACC）提供灾后救助资金。FONDEN 即自然灾害国家救济基金，为无保险的基础设施修复及低收入受灾者提供救助。FAPACC 是自然灾害基金，为因干旱、霜冻、冰雹、强降雨、洪水和暴风遭受损失的生产资料提供补偿。

Agroasemex 与美国再保险公司合作，从而在国际层面上分散协变量风险。如果再保险人自己在多个国家投资，他们可以将一个国家的风险视为特殊风险并且加入承保范围。墨西哥政府还通过指数保险对 FONED 和 FAPPACC 提供再保险保障，基于现有的财政预算，通过再保险和资本市场，基于指数保险产品转移自然灾害风险，从而保持这两项灾害救济计划的可持续性和偿付能力。通过指数保险为政府应急响应提供再保险，这促进了天气衍生品市场的发展。

（三）依赖农户的信息反馈

参与投保的农民通过墨西哥的政府官员了解他们的投保情况。为了评估信息渠道的有效性，农业部要求对项目进行外部评估（由非政府机构进行）。在墨西哥农业部 2009 年的外部评估中，要求对随机选择的一部分农民进行调查，以确定他们对保险的认识和支付意愿。这一外部评估表明几乎 100% 的农民知道保险的存在，并且超过 80% 的农民表示愿意支付保险费。

三、墨西哥天气指数保险存在的问题

自 2002 年以来，墨西哥的天气指数保险试点平稳实施。但墨西哥天气指数保险项目也存在着问题。

（一）数据质量的可靠性

天气指数保险项目需要利用现有的和公开的天气数据。尽管墨西哥有5000 多个气象站，但这些气象站中很少有达到国际标准的。此外，足够长的时间序列数据对统计预测产量非常重要，但 Agroasemex 只使用每日天气信息中的一个子集，这些导致数据质量不佳。

（二）保险品种单一，导致作物单一化

由于保险品种单一，缺乏对农民多样化的激励（种植未投保的作物），可能导致作物过度单一化，而玉米单作对环境和长期可持续性有潜在的负面影响。一个完善的天气指数保险计划会抑制对其他重要农业技术的投资，例如，可能会减少投资开发灌溉系统，因为只有在旱地上种植作物，农民才有保险。然而，在干旱地区，特别是在发展中国家，灌溉被广泛认为是提高作物产量的主要技术。同样，由于指数保险计划在全国范围内的推广，农村劳动力的结构也会受到非农收入减少的影响。

四、墨西哥天气指数保险发展给我国带来的启示

第一，加强技术投入和运营人才培养。农业生产风险评估和指数保险产品设计，都需要详尽的农业生产和相关气象数据信息，气象站能提供高质量和详细的气象数据。农业保险的专业性很强，要求从业人员既要掌握保险经营技术（如风险评估、费率厘定、保单设计、损失鉴定等），又要掌握广泛的农业技术（如土壤、耕作、植保、畜禽疾病防治、气象、经营管理），这就要求在保险专业人才培育过程中有意识地培养综合性人才。

第二，保险制度的创新。天气指数保险与传统农业保险差别较大，运营不能完全按照原有的农业保险模式进行。中国农业保险在农村地区的销售更多是依靠保险经办机构和基层政府部门的通力合作。但创新保险产品的研究与试点

的衔接需要科研、气象、保险公司等多部门的共同协作，若政府协助构建有效衔接平台，积极指导各部门间的协作，明确责任划分，可大大提高科研成果转化效率。

第三，完善国内再保险市场和加强国际再保险市场参与力度，实现发行巨灾债券形式下自然灾害的风险转移，建立具有中国特色的自然灾害救济基金，弥补财政救济经费不足和完善社会保障体系的作用。

第八章　关于天气指数保险政策的建议

基于前文研究的结论，针对天气指数保险，提出以下几方面的政策建议。

第一节　对政府的建议

一、农业保险立法

由前文所述，对农业保险的购买需求还有较大的上升空间，且对农作物、牲畜等产品提供完善的保障有利于农业的可持续发展。因此。农业保险的健康发展亟须政府提供相应的财政补贴与政策引导。2012 年出台的《农业保险条例》对农业保险事业的发展起到了重要的推动作用。但由于各地区的经济发展、政策支持存在差异，随着农牧业的快速发展与转型，农业保险的内容也越来越丰富，因此本书建议将农业保险上升到法律层面，并制定《中华人民共和国农业保险法》，通过立法对农业保险的目标、范围、经营主体、参与方式、双方权益、财政补贴等做出权威规定，出台《农业保险法》将会对农业保险的实质性发展起到至关重要的作用。

我国农户收入偏低，农业保险购买能力严重不足，多数农户是在政府保费补贴下购买农业保险的。政府应当将天气指数保险纳入政策性农业保险范畴，提高天气指数保险保费补贴额度，降低农户保费承担比例。同时实行差异化的补贴政策，避免因保障水平过高、地方财政补贴负担过重而降低其推行农业保险的积极性。

二、加大土地流转力度，促进规模化经营

根据第三章的研究结论，天气指数保险在降低农户面临的风险后，有效提高了农户对新技术的选择；而家庭实际种植规模对农业技术采用具有显著正向影响。由于创新种子产量受自然风险影响较大，较高的风险抑制了农户对新技术的采用。为农户提供风险管理手段、有效分散他们所面临的自然风险后，农户会更愿意采用新技术。因此，政府可通过补贴、保险等优惠政策鼓励农户扩大生产规模，集中分散、细碎的小规模土地；鼓励小农通过转租、入股等方式将土地流转给规模种植农户，实现规模化经营，进而促进农户对农业技术的采用。

三、加强农村金融产品创新

由于"天气指数保险＋贷款"产品对农业新技术采用具有显著的正向影响，能够有效促进农户对新技术的选择；且新型经营主体由于生产投资和扩大规模的需要，贷款需求较大。针对此特点，政府应加强对银保互动机制的政策支持，推动银行与保险机构共建农村网点，完善信贷机构与保险机构的信息共享机制，推出银保互动产品或者具有内在保险机制的新型贷款产品。一方面降低农户面临的信贷配给，帮助农户进入信贷市场，解决农户技术投资时面临的资金约束；另一方面为农户提供分散风险的手段，降低投资新技术的风险。当保险产品与信贷市场联结时，保险赔偿可以部分或全部偿还贷款，降低了农户失去抵押物的风险，同时解决部分农户无法提供抵押物的困境，减弱农户自我选择的风险配给，有助于促进农户对创新技术的采用，达到金融助力"三农"的目的。但是目前银保互动模式在中国推广的范围较小，两个市场之间的联系不强。政府应以开放的态度，借鉴国外成功经验，逐步在全国推广该模式。

社会资本有助于降低农业信贷风险。在农村地区推广农业信贷和农业保险

时应充分利用社会资本的非正规分担机制，提高信贷和保险的服务效果，满足农户对于农业保险和农业信贷的双重需求，推动农业现代化的发展。

四、加大宣传力度，提高政策知晓率

研究结果显示农户的风险态度在很大程度上会影响新技术的应用与推广。因此，可以提供相关风险管理方式来帮助农户分散生产风险，消除农户对投资新技术所带来的不确定的担忧。有效提升农户投资新技术的积极性、促进农业生产率的提高。此外，应加强农业科技的宣传与推广，降低新技术的信息不对称程度。

同时，利用新型经营主体的示范带头作用，对其进行关于天气指数保险的重点宣传。提高其对于农业信贷和农业保险的认知水平，提升其银保互动的参与度；并利用新型经营主体的示范效应，由点带面带动天气指数保险产品的推广。随着天气指数保险的推广，覆盖面的扩大，可以发挥保险的收入补偿功能，提高农户的抗风险能力，进而降低农村金融机构的信贷风险，促进农业保险与信贷的协同发展。

第二节　对保险公司的建议

一、优化天气指数保险产品，提升农户保险需求

研究结论显示，农户对天气指数保险保额具有正偏好，而对触发水平和价格具有负偏好。因此，保险公司应提升天气指数保险保额，在保障农民物化成本的基础上可进一步提高保险保障水平，使农民的损失能够得到及时有效的赔付；气象指数是天气指数保险运行的基础，它直接影响天气指数保险基差风险的大小，保险公司应选择与农作物损失高度相关的天气风险来设计指数保险，然后根据保险地点差异的情况对指数进行适当调整，尽可能地降低基差风险。

二、细分天气指数保险市场，制定不同的销售策略

由于不同的经营主体对保险的需求存在差异，因而农户对天气指数保险的需求存在多样性。因此，保险公司应当准确把握不同农户的偏好与需求，针对农户的偏好设计对应的天气指数保险产品，以适应不同农户对天气指数保险属性偏好的差异，满足多样化的保险需求。针对新型经营主体经营风险大、认知水平高的特点，可提供高保费、高保障水平的产品，帮助新型主体分散自然风险，促进其健康发展；针对小农户面临的预算约束及风险较小的特点，提供低保费、低保障的产品，这样可以覆盖各类农户的风险，同时达到普惠的目的，充分发挥保险在促进传统农业向现代农业转型方面的作用。

三、加强天气指数保险宣传工作，提高农民保险认知水平

农户天气指数保险需求是以对保险产品的认知与信任为基础的，天气指数保险是一种新型的农业保险，农户对其认知程度偏低，不了解其保障农业风险的作用机理。因此，保险公司可以深入农村，或者利用电视以及网络等媒介对农户进行宣传教育，向农户详细讲解天气指数保险的优势，帮助农户理解天气指数保险，从而提高其保险认知和保险意识。随着农户对天气指数保险产品认知度的提高，其对保险产品的信任度也将提高，可显著提升农户天气指数保险的投保意愿。

四、谨慎选择试行区域，制定合理指数

只有得到投保农户的理解及认同，指数保险才能获得生存空间。从保险人角度来讲，指数应该能充分合理地反映损失程度与指数大小之间的关系，符合自然规律及保险原理。我国不同地区已开展了大量的气象指数保险工作，并在不同地区开展了试点工作。对于保险公司来说，天气指数保险的试行区域应尽量选择地形地貌变化不大、灾因比较稳定的区域，在可能的情况下最好选择平原区域。山地、丘陵等地理环境下天气状况变化明显，且容易受地形影响，进一步扩大指数产品的基差风险。在农作物选择上，应以粮食作物为主。指数产

品主要是通过简单的指数、较低的价格解决农户面临的最主要风险，包含灾因不宜过多，灾因过多会大大提高数据搜集的难度，建模变得更繁琐，而且价格会较高。灾因相对独立能够容易区分灾因造成的损失，比如某些地区风灾和水灾经常同时发生，相关性较大，当灾害发生时，较难区分不同灾因的损失大小。因此，在灾因选择上需要重点征询农业专家以及当地农户的意见。

参考文献

[1] Abugri Stephen A, Joseph Amikuzuno, Edward B D. Looking out for A Better Mitigation Strategy: Smallholder Sarmers' Willingness to Pay for Drought – Index Crop Insurance Premium in the Northern Region of Ghana [J]. Agric & Food Secur, 2017, 71 (6): 1 – 9.

[2] Adamon N Mukasa. Technology Adoption and Risk Exposure among Smallholder Farmers: Panel Data Evidence from Tanzania and Uganda [J]. World Development, 2018 (105): 297 – 316.

[3] Ahlin C, Townsend R. Using Repayment Data to Test across Models of Joint Liability Lending [J]. Econ. J, 2007 (117): F11 – F51.

[4] Ahsan S M, A G Ali, and N J Kurian. Toward A Theory of Agricultural Insurance [J]. American Journal of Agricultural Economics, 1982, 64 (3): 520 – 529.

[5] Akhter Ali. Farmers' Willingness to Pay for Index Based Crop Insurance in Pakistan: A Case Study on Food and Cash Crops of Rain – fed Areas [J]. Agricultural Economics Research Review, 2013, 26 (2): 241 – 248.

[6] Akter S, Basher S A. The Impacts of Food Price and Income Shocks on Household Food Security and Economic Well – being: Evidence from Rural Bangladesh [J]. Global Environment Change, 2014 (25): 150 – 162.

[7] Akter S, Brouwer R, Choudhury S, Aziz S. Is There A Commercially Via-

ble Market for Crop Insurance in Rural Bangladesh? [J] . Mitigation and Adaptation Strategy of Global Change, 2009 (14): 215 – 229.

[8] Akter S, Krupnik T J, Rossi F, Khanam F. The Influence of Gender and Product Design on Farmers' Preferences for Weather – indexed Crop Insurance [J] . Global Environmental Change, 2016 (38): 217 – 229.

[9] Alderman H G, and T Haque. Insurance Against Covariate Shocks: The Role of Index – Based Insurance in Social Protection in Low – Income Countries of Africa, World Bank Working paper 95, Africa Region Human Development Department [R] . The World Bank, Washington, DC, 2007.

[10] Ana Marr, Anne Winkel, Marcel van Asseldonk, Robert Lensink; Erwin Bulte. Adoption and Impact of Index – insurance and Credit for Smallholder Farmers in Developing Countries: A Systematic Review [J] . Agricultural Finance Review, 2016, 76 (1): 94 – 118.

[11] Anni Heikkilä, Panu Kalmi & Olli – Pekka Ruuskanen. Social Capital and Access to Credit: Evidence from Uganda [J] . The Journal of Development Studies, 2016, 52 (9): 1273 – 1288.

[12] Arnaud Reynaud, Manh – Hung Nguyen, Cécile Aubert. Is There A Demand for Flood Insurance in Vietnam? Results from A Choice Experiment [J] . Environmental Economics and Policy Studies, 2018 (2): 1 – 48.

[13] Asis Kumar Senapati. Insuring against Climatic Shocks: Evidence on Farm Households' Willingness to Pay for Rainfall Insurance Product in Rural Lndia [J] . International Journal of Disaster Risk Reduction, 2020 (2): 101 – 151.

[14] Awel Y, Azomahou T T. Risk Preference or Financial Literacy? Behavioural Experiment on Index Insurance Demand [J] . Merit Working Papers, 2015 (5): 131 – 145.

[15] Barnett, Barry J, and Olivier Mahul. Weather Index Insurance for Agriculture and Rural Areas in Lower – income Countries [J] . American Journal of Agricultural Economics, 2007, 89 (5): 1241 – 1247.

[16] Belete N, O Mahul, B Barnett, R Carpenter, X Cheng, W Dick, X Li, J Skees, C Stutley, and A Tchourumoff [R]. China: Innovations in Agricultural Insurance, Promoting Access to Agricultural Insurance for Small Farmers: Report for Sustainable Development, East Asia and Pacific Region Finance and Private Sector Development, The World Bank, Washington, DC, 2007.

[17] Benjamin, Feigenberg, Erica M Field, and Rohini Pande. Building Social Capital through Microfinance [R]. NBER Working Papers, 2010.

[18] Binswanger H P. Attitudes toward Risk: Experimental Measurement in Rural India [J]. American Journal of Agricultural Economics, 1980, 62 (3): 395 - 407.

[19] Binswanger - Mkhize H P. Is There too much Hype about Index - based Agricultural Insurance? [J]. Journal of Development Study, 2012, 48 (2): 187 - 200.

[20] Blamey R K, Bennett J W, Louviere J J, Morrison M D, Rolfe J C. Attribute Causality in Environmental Choice Modelling [J]. Environmental and Resource Economics, 2002, 23 (2): 167 - 186.

[21] Bogale A. Weather - indexed Insurance: An Elusive or Achievable Adaptation Strategy to Climate Variability and Change for Smallholder Farmers in Ethiopia [J]. Climate and Development, 2015, 7 (3): 246 - 256.

[22] Botzen W J W, Jeroen C. J. M. Van Den Bergh. Monetary Valuation of Insurance Against Flood Risk Under Climate Change [J]. International Economic Review, 2012, 53 (3): 1005 - 1026.

[23] Boucher S R, M R Carter, and C Guirkinger. Risk Rationing and Wealth Effects in Credit Markets: Theory and Implications for Agricultural Development [J]. American Journal of Agricultural Economics, 2008, 90 (3): 409 - 423.

[24] Brick K and M Visser. Risk Preferences, Technology Adoption and Insurance Uptake: A Framed Experiment [J]. Journal of Economic Behavior & Organization, 2015 (118): 383 - 396.

[25] Cai Hongbin, Yuyu Chen, Hanming Fang, Li – An Zhou. Micro – insurance, trust and economic development: Evidence from a randomized natural field experiment [R]. Working Paper 15396. National Bureau of Economic Research, Cambridge, MA, 2009.

[26] Carpenter, Jeffrey, Glenn Harrison and John List. Field Experiments in Economics: An Introduction, In: J. Carpenter, G. W. Harrison & J. A. List (Eds), Field Experiments in Economics. Greenwich, CT: JAI Press [R]. Research in Experimental Economics, 2005.

[27] Carter M R, C Lan and S, Alexandros. Where and How Index Insurance Can Boost the Adoption of Improved Agricultural Technologies [J]. Journal of Development Economics, 2014 (118): 59 – 71.

[28] Carter M R, Galarza F, Boucher S. Underwriting Area – Based Yield Insurance to Crowd in Credit Supply and Demand [J]. Savings and Development, 2007, 31 (3): 335 – 362.

[29] Carter M R, J Lybbert and Travis. Consumption Versus Asset Smoothing: Testing the Implications of Poverty Trap Theory in Burkina Faso [J]. Journal of Development Economics, 2012, 99 (2): 255 – 264.

[30] Carter M R, L Cheng, and A Sarris. The Impact of Interlinked Index Insurance and Credit Contracts on Financial Market Deepening and Small Farm Productivity [J]. Annual Meeting of the American Applied Economics Association, Pittsburgh, PA, 2011 (7): 24 – 26.

[31] Carter Michael R, Lan Cheng and Alexander Sarris. The Impact of Inter – linked Index Insurance and Credit Contracts on Financial Market Deepening and Small Farm Productivity [R]. Annual 9 Meeting of the American Applied Economics Association, Pittsburgh PA, 2011.

[32] Carter, Michael R, Lan Cheng, Alexandros Sarris. Where and How Index Insurance Can Boost the Adoption of Improved Agricultural Technologies [J]. Journal of Development Economics, 2014 (118): 59 – 71.

[33] Carter, Michael R, Lybbert, Travis J. Consumption Versus Asset Smoothing: Testing the Implications of Poverty Trap Theory in Burkina Faso [J]. Journal of Development Economics, 2012, 99 (2): 255 – 264.

[34] Cassar, Alessandra, Luke Crowley, and Bruce Wydick. The Effect of Social Capital on Group Loan Repayment: Evidence from Field Experiments [J]. The Economic Journal, 2007, 117 (517): F85 – F106.

[35] Castellani D, Tamre B, Viganò L. A Discrete Choice Analysis of Smallholder Farmers' Preferences and Willingness to Pay for Weather Derivatives: Evidence from Ethiopia [J]. Journal of Applied Business Research, 2014, 30 (6): 1671 – 1692.

[36] Castellani D, Vigano L. An Analysis of the Demand of Weather Index – based Insurance with Flexible Attributes in a Risk Management Framework [J]. European Scientific Journal, 2015, 11 (16): 1 – 26.

[37] Castellani D, Viganò Laura. Does Willingness – to – pay for Weather Index – based Insurance Follow Covariant Shocks? [J]. International Journal of Bank Marketing, 2017, 35 (3): 516 – 539.

[38] Charles A Holt, Susan K Laury. Risk Aversion and Incentive Effects [J]. The American Economic Review, 2002, 92 (5): 1644 – 1655.

[39] Cheng L. The Impact of Index Insurance on Borrowers' Moral Hazard Behavior in Rural Credit Markets [R]. Working Paper, University of California, Davis, CA, 2014.

[40] Clarke D, Kalani G. Microinsurance Decisions: Evidence from Ethiopia [J]. Clarke, 2011 (2): 316 – 340.

[41] Clarke, D and Dercon, S. Insurance, Credit and Safety Nets for the Poor in A World of Risk [R]. DESA Working Paper No. 81, New York, NY, 2009.

[42] Clarke, Daniel, Dercon, Stefan. Insurance, credit and safety nets for the poor in a world of risk [R]. DESA Working Paper 81. University of Oxford, Department of Economics, Oxford, UK, 2009.

[43] Cole S A, Paulson A L, Shastry G K. Smart Money: The Effect of Education on Financial Behavior [J]. Harvard Business School Finance Working Paper, 2012 (9): 1–48.

[44] Cole S, Giné X, Tobacman J, Topalova P, Townsend R, Vickery J. Barriers to Household Risk Management: Evidence from India [J]. American Economic Journal Applied Economics, 2013, 5 (1): 104–135.

[45] Collier B, Barnett B. Weather Index Insurance and Climate Change: Opportunities and Challenges in Lower Income Countries [J]. Geneva Papers on Risk and Insurance – Issues and Practice, 2009, 34 (3): 401–424.

[46] Davide Castellani, Laura Vigano, Belaynesh Tamre. A Discrete Choice Analysis of Smallholder Farmers' Preferences and Willingness to Pay for Weather Derivatives: Evidence from Ethiopia [J]. the Journal of Applied Business Research, 2014, 30 (6): 1673–1792.

[47] Davide Castellani, Laura Vigano. An Analysis of the Demand of Weather Index – based Insurance with Flexible Attributes in a Risk Management Framework [J]. European Scientific Journal, 2015, 11 (16): 1857–7431.

[48] Davide Castellani, Laura Viganò. Does Willingness – to – pay for Weather Index – based Insurance Follow Covariant Shocks? [J]. International Journal of Bank Marketing, 2017, 35 (3) : 516–539.

[49] De Janvry A, Dequiedt V, Sadoulet E. The Demand for Insurance against Common Shocks [J]. Journal of Development Economics, 2014 (106): 227–238.

[50] De Nicola F and Hill R. V. Interplay among Credit, Weather Insurance and Savings for Farmers in EthioPia [R]. Presentation at the American Economic Association Meetings, 2013.

[51] De Nicola, Francesca. The Impact of Weather Insurance on Consumption, Investment and Welfare [R]. Unpublished manuscript, International Food Policy Research Institute, Washington, DC, 2012.

[52] Dercon S and L Christiaensen. Consumption Risk, Technology Adoption and Poverty Traps: Evidence from Ethiopia [J] . Journal of Development Economics, 2011, 96 (2): 159 – 173.

[53] Dufhues T, Buchenrieder G, Munkung N. Social Capital and Market Imperfections: Accessing Formal Credit in Thailand [J] . Oxford Development Studies, 2013, 41 (1): 54 – 75.

[54] Dufhues, Thomas, Gertrud Buchenrieder, and Hoang Dinh Quoc. Social Capital and Loan Repayment Performance in Northern Vietnam [J] . Agricultural Economics, 2012, 43 (3): 277 – 292.

[55] Dufhues, Thomas, Buchenrieder Gertrud, Quoc Hoang Dinh, and Munkung Nuchanata. Social Capital and Loan Repayment Performance in Southeast Asia [J] . Journal of Behavioral and Experimental Economics, 2011, 40 (5) : 679 – 691.

[56] Elabed G, Bellemare M F, Carter M R, Guirkinger C. Managing Basis Risk with Multiscale Index Insurance [J] . Agricultural Economics, 2013, 44 (4 – 5): 419 – 431.

[57] Fafchamps M and T Kurosaki. Insurance market efficiency and crop choices in Pakistan [J] . Journal of Development Economics, 2002, 67 (2): 419 – 453.

[58] Farrin K and M J Miranda. A Heterogeneous Agent Model of Credit – linked Index Insurance and Farm Technology Adoption [J] . Journal of Development Economics, 2015 (116): 199 – 211.

[59] Farrin K and M J Miranda. A Heterogeneous Agent Model of Credit – linked Index Insurance and Farm Technology Adoption [J] . Journal of Development Economics, 2015 (116): 199 – 211.

[60] Farrin K and M J Miranda. Premium Benefits? A Heterogeneous Agent Model of Credit – linked Index Insurance and Farm Technology Adoption [J] . Annual Meeting Agricultural and Applied Economics Association, Washington, 2013

(8): 4 - 6.

[61] Feder G, Just R, Zilberman D. Adoption of Agricultural Innovations in Developing Countries: A Survey [J]. Economic Development and Cultural Change, 1985 (2): 255 - 298.

[62] Freudenreich H, Mußhoff O. Insurance for Technology Adoption: An Experimental Evaluation of Schemes and Subsidies with Maize Farmers in Mexico [J]. Journal of Agricultural Economics, 2018, 69 (1): 96 - 120.

[63] Freudenreich H, Oliver MuÃŸhoff, Economics J O A, et al. Insurance for Technology Adoption: An Experimental Evaluation of Schemes and Subsidies with Maize Farmers in Mexico [J]. Journal of Agricultural Economics, 2018, 69 (1): 159 - 171.

[64] Fuchs A, Wolff H. Concept and Unintended Consequences of Weather Index Insurance: The Case of Mexico [J]. Social Science Electronic Publishing. American Journal of Agricultural Economics, January 2011, 93 (2): 505 - 511.

[65] G Kotreshwar, V Gurusiddaraju. Weather index based crop insurance assessment: Technological advantages in India [J]. International Journal of Research in Computer Application and Management, 2016, 6 (9): 14.

[66] Ghosh P, D Mookherjee, and D Ray. Credit Rationing in Developing Countries: An Overview of the Theory [J]. D Mookherjee & D Ray A Reader in Development Economics, 2000 (2): 383 - 401.

[67] Giné X and Y Dean. Insurance, Credit, and Technology Adoption: Field Experimental Evidence from Malawi [J]. Journal of Development Economics, 2009 (89): 1 - 11.

[68] Giné X and Yang D. Insurance, Credit, and Technology Adoption: Field Experimental Evidence from Malawi [J]. Journal of Development Economics, 2009 (2): 154 - 175.

[69] Giné X, R Townsend and J Vickery. Patterns of Rainfall Insurance Partic-

ipation in Rural India [J]. The World Bank Economic Review, 2008, 22 (3): 539 – 566.

[70] Giné X. Experience with weather index – based insurance in India and Malawi [J]. Vision Focus 2009 (2): 219 – 231.

[71] Goodwin B K. Problems with Market Insurance in Agriculture [J]. American Journal of Agricultural Economics, 2001, 83 (3): 643 – 649.

[72] Gregory D. Wozniak. Human Capital, Information and the Early Adoption of New Technology [J]. The Journal of Human Resources, 1987, 22 (1): 101 – 112.

[73] Guiso, Luigi, Paola Sapienza, and Luigi Zingales. The Determinants of Attitudes toward Strategic Default on Mortgages [J]. The Journal of Finance 68, 2013 (4): 1473 – 1515.

[74] Harrison G W, & List J A. Field experiments [J]. Journal of Economic Literature, 2004, 42 (4): 1009 – 1055.

[75] Hazell P B R, Hess U. Drought Insurance for Agricultural Development and Food Security in Dryland Areas [J]. Food Security, 2010, 2 (4): 395 – 405.

[76] Hill R V and A Viceisza. A Field Experiment on the Impact of Weather Shocks and Insurance on Risky Investment [J]. Experimental Economics, 2012, 15 (2): 341 – 371.

[77] Hill R V, Hoddinott J, Kumar N. Adoption of Weather Index Insurance, Learning from Willingness to Pay among a Panel of Households in Rural Ethiopia [J]. Agricultural Economics, 2013 (44): 385 – 398.

[78] Hill R V, Robles M. Flexible Insurance for Heterogeneous Farmers: Results from A Small – scale Pilot in Ethiopia [J]. IFPRI Discussion Papers, International Food Policy Research Institute, Washington, DC, 2011 (2): 143 – 149.

[79] Holt C A and S K Laury. Risk Aversion and Incentive Effects [J]. The American Economic Review, 2002, 92 (5): 1644 – 1655.

[80] Jarrod Kath, Shahbaz Mushtaq, Ross Henry, Adewuyi Adeyinka, Roger Stone. Index Insurance Benefits Agricultural Producers Exposed to Excessive Rainfall Risk [J]. Weather and Climate Extremes, 2018 (22): 155 – 164.

[81] Jensen N D, Barrett C B, Mude A G. Index Insurance Quality and Basis Risk: Evidence from Northern Kenya [J]. American Journal of Agricultural Economics, 2016 (2): 1 – 55.

[82] Jerry R Skees, J Roy Black, Barry J Barnett. Designing and Rating an Area Yield Crop Insurance Contract [J]. American Journal of Agricultural Economics, 1997, 79 (2): 430 – 438.

[83] Jin S Q, Huang J K, Hu R F. The Creation and Spread of Technology and Total Factor Productivity in China's Agriculture [J]. American Journal of Agricultural Economics, 2002, 84 (4): 916 – 930.

[84] Joseph D Malual & Robert E Mazur. Social Capital and access to Credit in Post – conflict Lira, Northern Uganda [J]. Community Development, 2017, 48 (4): 566 – 581.

[85] Just R E and R D Pope. Stochastic Specification of Production Functions and Economic Implications [J]. Journal of Econometrics, 1978, 7 (1): 67 – 86.

[86] Karlan D, R Osei, I Oseiakoto, et al. Agricultural Decisions after Relaxing Credit and Risk Constraints [J]. Social Science Electronic Publishing, 2014, 129 (2): 597 – 652.

[87] Katie Farrin, Mario J Miranda. A Heterogeneous Agent Model of Credit – Linked Index Insurance and Farm Technology Adoption [J]. Journal of Development Economics, 2015 (116): 199 – 211.

[88] Kerri Brick, Martine Visser. Risk Preferences, Technology Adoption and Insurance Uptake: A Framed Experiment [J]. Journal of Economic Behavior and Organization, 2015 (118): 285 – 313.

[89] Lancaster, Kelvin J. A New Approach to Consumer Theory [J]. Jour-

nal of Political Economy, 1966, 74 (2): 132 – 157.

[90] Liesivaara P, Myyr S. The Demand for Public – private Crop Insurance and Government Disaster Relief [J] . Journal of Policy Modeling, 2017, 39 (1): 19 – 34.

[91] Liesivaara P, Myyrä S. Willingness to Pay for Agricultural Crop Insurance in the Northern EU [J] . Agricultural Finance Review, 2014, 74 (4): 539 – 554.

[92] Luminita Postelnicu, Niels Hermes, Roselia Servin Juarez. Social Capital and the Repayment of Microfinance Group Lending [J] . A Case Study of Pro Mujer Mexico, Solvay Brussels School of Economics and Management Centre Emile Bernheim, 2015 (2): 1 – 53.

[93] Lybbert T J and J McPeak. Risk and Intertemporal Substitution: Livestock Portfolios and Off – take among Kenyan Pastoralists [J] . Journal of Development Economics, 2012, 97 (2): 415 – 426.

[94] Lybbert, Travis J, Galarza, Francisco B, McPeak John, Barrett, Christopher B, Boucher, Stephen R, Carter, Michael R, Chantarat Sommarat, Fadlaoui Aziz, and Mude Andrew. Dynamic Field Experiments in Development Economics: Risk Valuation in Morocco, Kenya, and Peru [J] . Agricultural and Resource Economics Review, 2010, 39 (2): 176 – 192.

[95] Lybbert, Travis J, McPeak, John. Risk and Intertemporal Substitution: Livestock Portfolios and Off – take among Kenyan Pastoralists [J] . Journal of Development Economics, 2012, 97 (2): 415 – 426.

[96] Masa Higo. Older Worker in National Contexts [J] . A Japan – US Comparison, 2013, 6 (4): 305 – 322.

[97] McCarthy N. Demand for Rainfall Index – based Insurance: A Case Study from Morocco [J] . Eptd Discussion Paper, 2003 (106): 1 – 39.

[98] Miranda M J and Farrin K. Index Insurance for Developing Countries [J] . Applied Economic Perspectives and Policy, 2012, 34 (3): 391 – 427.

［99］Miranda M J, and D V Vedenov. Innovations in Agricultural and Natural Disaster Insurance ［J］. American Journal of Agricultural Economics, 2001, 83 (3): 650 – 655.

［100］Miranda M J, and J W Glauber. Systemic Risk, Reinsurance, and the Failure of Crop Insurance Markets ［J］. American Journal of Agricultural Economics, 1997 (79): 206 – 215.

［101］Miranda M J, Farrin K. Index Insurance for Developing Countries ［J］. Apply Economic Perspectives and Policy, 2012, 34 (3): 391 – 427.

［102］Mude, Andrew, Sommarat Chantarat, Christopher Barrett, Michael R Carter, Munenobu Ikegami, and John McPeak. Insuring Against Drought – Related Livestock Mortality: Piloting Index Based Livestock Insurance in Northern Kenya ［R］. Unpublished manuscript, International Livestock Research Institute, Nairobi, Kenya, 2009.

［103］Munshi K. Social Learning in A Heterogeneous Population: Technology Diffusion in the Indian Green Revolution ［J］. Journal of Development Economics, 2004, 73 (1): 185 – 213.

［104］Nicola F D. The Impact of Weather Insurance on Consumption, Investment and Welfare ［J］. Quantitative Economics, 2015, 6 (3): 637 – 661.

［105］Norton M, Holthaus E, Madajewicz M, Osgood D E, Peterson N, Gebremichael M, Mullally C, Teh T. Investigating Demand for Weather Index Insurance: Experimental Evidence from Ethiopia ［J］. Conner Mullally, 2011 (2): 1 – 16.

［106］Noujeima Ragoubi, Lotfi Belkacem, Anouar Ben Mimoun. Rainfall – index Insurance and Technology Adoption: Evidence From Field Experiment in Tunisia ［J］. Journal of International Development, 2013, 25 (5): 141 – 171.

［107］Patrick S Ward, Vartika Singh. Using Field Experiments to Elicit Risk and Ambiguity Preferences: Behavioral Factors and the Adoption of New Agricultural Technologies in Rural India ［J］. The Journal of Development Studies, 2015, 51

(6): 707 – 724.

[108] Patrick S Ward, Simrin Makhija, David J Spielman. Drought – tolerant Rice, Weather index Insurance, and Comprehensive Risk Management for Smallholders: Evidence from A Multi – year Field Experiment in India. [J]. The Australian Journal of Agricultural and Resource Economics, 2020, 64 (2): 421 – 454.

[109] Postelnicu L, Hermes N, Szafarz A. Defining Social Collateral in Microfinance Group Lending, in Mersland, R. and Strøm, R. (eds.) [R]. Microfinance Institutions: Financial and Social Performance, Palgrave Macmillan, Hampshire, UK, 2014.

[110] Ruth Vargas Hill, John Hoddinott, Neha Kumar. Adoption of Weather – index Insurance: Learning from Willingness to Pay among A Panel of Households in Rural Ethiopia [J]. Agricultural Economics, 2013 (44): 4 – 5.

[111] Seiler, Michael J, Vicky L Seiler, Mark A Lane, and David M Harrison. Fear, Shame and Guilt: Economic and Behavioral Motivations for Strategic Default [J]. Real Estate Economics, 2012 (40): 179 – 191.

[112] Seth R, Ansari V A, Datta M. Weather – Risk Hedging by Farmers: An Empirical Study of Willingness – to – pay in Rajasthan, India [J]. Journal of Risk Finance, 2009, 10 (1): 54 – 66.

[113] Sibiko K W, Veettil P C, Qaim M. Small Farmers' Preferences for Weather Index Insurance: Insights from Kenya [J]. Agriculture & Food Security, 2016, 7 (1): 1 – 33.

[114] Sileshi M, Nyikal R and Wangia S. Factors Affecting Loan Repayment Performance of Smallholder Farmers in East Hararghe [J]. Ethiopia, Developing Country Studies, 2012, 11 (2): 205 – 214.

[115] Singh P, A Gauravl. Development, Present Status and Performance Analysis of Agriculture Insurance Schemes in India: Review of Evidence [J]. International Journal of Social Economics, 2020, 47 (4): 461 – 481.

[116] Skees J R, Hartell J, Murphy A G. Using Index – based Risk Transfer

Products to Facilitate Micro Lending in Peru and Vietnam ［J］. American Journal of Agricultural Economics, 2007, 89 (5): 1255 – 1261.

［117］ Skees J R. Innovations in Index Insurance for the Poor in Lower Income Countries ［J］. Agricultural and Resource Economics Review, 2008, 37 (1): 1 – 15.

［118］ Skees J R. Challenges for Use of Index – based Weather Insurance in Lower Income Countries ［J］. Agricultural Finance Review, 2008 (68): 197 – 217.

［119］ Stein D. Rainfall Index Insurance in India. PhD Thesis ［M］. London: The London School of Economics and Political Science, 2011.

［120］ Stutley C J. Agricultural Insurance in Asia and Pacific Region, Regional Office for Asia and the Pacific ［J］. Food and Agricultural Organization of the United Nations, 2011 (2): 291 – 326.

［121］ Stutley C J. Agricultural Insurance in Asia and Pacific Region, Regional Office for Asia and the Pacific ［J］. Food and Agricultural Organization of the United Nations, 2011 (2): 232 – 257.

［122］ Swait, Joffre. A Structural Equation Model of Latent Segmentation and Product Choice for Cross – sectional Revealed Preference Choice Data ［J］. Journal of Retailing and Consumer Services, 1994, 1 (2): 77 – 89.

［123］ Tadesse A G, S Rashid C. Borzaga and K Getnet. Finance and Agricultural Technology Adoption in Ethiopia: Does the Institutional Design of Lending Organizations Matter? ［J］. World Development, 2016 (84): 235 – 253.

［124］ Tadesse M A. Fertilizer Adoption, Credit Access, and Safety Nets in Rural Ethiopia ［J］. Agricultural Finance Review, 2014, 74 (3): 290 – 310.

［125］ Tadesse Million A, Shiferaw Bekele A, Erenstein Olaf. Weather Index Insurance for Managing Drought Risk in Smallholder Agriculture: Lessons and Policy Implications for Sub – Saharan Africa ［J］. Agricultural and Food Economics, 2015, 26 (3): 1 – 21.

[126] Vincent H Smith and Myles Watts. The New Standing Disaster Program: A SURE Invitation to Moral Hazard Behavior [J]. Applied Economic Perspectives and Policy, 2010, 32 (1): 154 – 169.

[127] Ward, Patrick S and S Vartika. Using Field Experiments to Elicit Risk and Ambiguity Preferences: Behavioral Factors and the Adoption of New Agricultural Technologies in Rural India [J]. The Journal of Development Studies, 2015, 51 (6): 707 – 724.

[128] Wendy Janssensa, Berber Kramerb. The Social Dilemma of Micro – insurance: Free – riding in A Framed Field Experiment [J]. Journal of Economic Behavior & Organization, 2016b (131): 47 – 61.

[129] World Bank, Agriculture for Development. World Development Report 2008 [R]. Washington, D C, 2008.

[130] Wright B D and J D Hewitt. All Risk Crop Insurance: Lessons From Theory and Experience, Giannini Foundation, California Agricultural Experiment Station [J]. Berkeley, 1990 (4): 186 – 201.

[131] Xavier Giné, Dean Yang. Insurance, Credit, and Technology Adoption: Field Experimental Evidence from Malawi [J]. Journal of Development Economics, 2009 (89): 1 – 11.

[132] Ye T, Wang M, Hu W, Liu Y, Shi P. High Liabilities or Heavy Subsidies: Farmers' Preferences for Crop Insurance Attributes in Hunan, China [J]. China Agricultural Economic Review, 2017, 9 (4): 586 – 606.

[133] Zeng Y, and Y Mu. Development Evaluation of China's Policy – oriented Agricultural Insurance: Based on the Realization Degree of Policy Objectives [J]. Agriculture and Agricultural Science Procedia, 2010 (1): 262 – 270.

[134] Zhang Q L, and Y Izumida. Determinants of Repayment Performance of Group Lending in China: Evidence from Rural Credit Cooperatives' Program in Guizhou Province [J]. China Agricultural Economic Review, 2013 (3): 328 – 341.

[135] Zimmerman, Frederick J, Carter, Michael R. Asset Smoothing, Consumption Smoothing and the Reproduction of Inequality under Risk and Subsistence Constraints [J]. Journal of Development Economics, 2003, 71 (2): 233 –260.

[136] 曹雪琴. 农业保险产品创新和天气指数保险的应用——印度实践评析与借鉴 [J]. 上海保险, 2008 (8): 53 –58.

[137] 陈飞. 农业生产技术采用的耕地规模门限效应研究 [J]. 财经问题研究, 2015 (6): 78 –86.

[138] 陈盛伟. 农业气象指数保险在发展中国家的应用及在我国的探索 [J]. 保险研究, 2010, 13 (3): 82 –88.

[139] 陈晓华. 大力培育新型农业经营主体——在中国农业经济学会年会上的致辞 [J]. 农业经济问题, 2014 (1): 4 –7.

[140] 陈雅子, 申双和. 江苏省水稻高温热害保险的天气指数研制 [J]. 江苏农业科学, 2016, 44 (10): 461 –464.

[141] 程静, 胡金林, 胡亚权. 农户双低油菜天气指数保险支付意愿分析 [J]. 统计与决策, 2018 (3): 121 –124.

[142] 程静, 刘飞, 陶建平. 风险认知、风险管理与农险需求——基于行为金融视角的实证研究 [J]. 南京农业大学学报 (社会科学版), 2018 (3): 133 –141 +156.

[143] 程静, 陶建平. 干旱指数保险支付意愿研究——基于湖北省孝感市的实证分析 [J]. 技术经济与管理研究, 2011 (8): 104 –107.

[144] 储小俊, 曹杰. 天气指数保险研究述评 [J]. 经济问题探索, 2012 (12): 135 –140.

[145] 褚彩虹, 冯淑怡, 张蔚文. 农户采用环境友好型农业技术行为的实证分析——以有机肥与测土配方施肥技术为例 [J]. 中国农村经济, 2012 (3): 68 –77.

[146] 崔海蓉, 曹广喜, 张京波. 高温天气衍生品设计及其定价模型——以长江中下游地区水稻为例 [J]. 系统工程, 2017 (4): 83 –88.

[147] 丁少群, 罗婷. 我国天气指数保险试点情况评析 [J]. 上海保险,

2017（5）：56 - 61.

　　［148］丁志国，覃朝晖，苏治．农户正规金融机构信贷违约形成机理分析［J］．农业经济问题，2014（8）：88 - 94.

　　［149］杜立群，曹彬．农村信贷市场联保贷款效应分析［J］．农业经济问题，2007（1）：25 - 31.

　　［150］冯庆水，黄艳宁．农村信贷与农业保险互动机制运行效率研究［J］．中国管理科学，2015（23）：378 - 385.

　　［151］冯文丽，苏晓鹏．我国天气指数保险探索［J］．中国金融，2016（8）：62 - 64.

　　［152］冯晓龙，仇焕广，刘明月．不同规模视角下产出风险对农户技术采用的影响——以苹果种植户测土配方施肥技术为例［J］．农业技术经济，2018（11）：120 - 131.

　　［153］高娇．指数保险发展：基于印度、蒙古、秘鲁和马拉维的案例分析［J］．农村经济与科技，2012（7）：91 - 94.

　　［154］葛继红，周曙东，朱红根，殷广德．农户采用环境友好型技术行为研究——以配方施肥技术为例［J］．农业技术经济，2010（9）：57 - 63.

　　［155］郭际，施贝贝，徐凯迪，吴先华．江苏省单季稻应对高温热害和低温冷害的气温保险指数及风险区划［J］．江苏农业科学，2019，47（2）：312 - 316.

　　［156］韩长赋．"需求拉动"指导农业保险改革新路 加快保险产品创新［N］．国际金融报，2016 - 03 - 16.

　　［157］韩洪云，喻永红．退耕还林的环境价值及政策可持续性——以重庆万州为例［J］．中国农村经济，2012（11）：44 - 55.

　　［158］侯麟科，仇焕广，白军飞，徐志刚．农户风险偏好对农业生产要素投入的影响——以农户玉米品种选择为例［J］．农业技术经济，2014（5）：21 - 29.

　　［159］胡枫，陈玉宇．社会网络与农户借贷行为——来自中国家庭动态跟踪调查（CFPS）的证据［J］．金融研究，2012（12）：178 - 192.

［160］黄延信，李伟毅．加快制度创新 推进农业保险可持续发展［J］．农业经济问题（月刊），2013（2）：4-9.

［161］黄英君，蒲玥成．天气指数保险面临的挑战及其应对策略研究述评——基于印度等地的经验［J］．区域金融研究，2016（8）：4-10.

［162］黄祖辉，俞宁．新型农业经营主体：现状、约束与发展思路——以浙江省为例的分析［J］．中国农村经济，2010（10）：16-26.

［163］冀县卿，钱忠好，李友艺．土地经营规模扩张有助于提升水稻生产效率吗？——基于上海市松江区家庭农场的分析［J］．中国农村经济，2019（7）：71-88.

［164］姜岩，褚保金．交易成本视角下的农业保险研究——以江苏省为例［J］．农业经济问题，2010（6）：91-96.

［165］金满涛．天气保险的国际经验比较对我国的借鉴与启示［J］．上海保险，2018（9）：49-51.

［166］鞠光伟，张燕媛，陈艳丽，高雷，陈印军．养殖户生猪保险参保行为分析——基于428位养殖户问卷调查［J］．农业技术经济，2018（6）：81-91.

［167］孔荣，CalumG. Turvey，霍学喜．信任、内疚与农户借贷选择的实证分析——基于甘肃、河南、陕西三省的问卷调查［J］．中国农村经济，2009（11）：50-59.

［168］孔荣，袁亚林．西部农户天气保险购买意愿影响因素的实证研究——基于陕甘地区农户的调查［J］．财贸经济，2010（10）：45-50.

［169］李后建．农户对循环农业技术采纳意愿的影响因素实证分析［J］．中国农村观察，2012（2）：28-36.

［170］李俊利，张俊飚．农户采用节水灌溉技术的影响因素分析——来自河南省的实证调查［J］．中国科技论坛，2011（8）：141-145.

［171］李庆海，吕小锋，李成友，何婧．社会资本对农户信贷违约影响的机制分析［J］．农业技术经济，2018（2）：104-118.

［172］李宪宝．异质性农业经营主体技术采纳行为差异化研究［J］．华

南农业大学学报（社会科学版），2017（3）：87－94.

[173] 李翔. 加拿大农业发展经验及对中国的启示 [J]. 世界农业，2020（4）：60－65.

[174] 林乐芬，刘贺露. 规模养殖户购买生猪价格指数保险的决策响应及影响因素分析 [J]. 河北经贸大学学报，2018（4）：87－94.

[175] 刘成玉，黎贤强，王焕印. 社会资本与我国农村信贷风险控制 [J]. 浙江大学学报（人文社会科学版），2011（2）：106－115.

[176] 刘素春，智迪迪. 农业保险与农业信贷耦合协调发展研究——以山东省为例 [J]. 保险研究，2017（2）：29－39.

[177] 刘亚洲，钟甫宁，吕开宇. 气象指数保险是合适的农业风险管理工具吗？[J]. 中国农村经济，2019（5）：2－21.

[178] 刘祚祥，郭伦国，杨勇. 信息共享、风险分担与农村"银保互动"机制 [J]. 广东金融学院学报，2010（3）：63－73.

[179] 刘祚祥，黄权国. 信息生产能力、农业保险与农村金融市场的信贷配给——基于修正的 S－W 模型的实证分析 [J]. 中国农村经济，2012（5）：53－64.

[180] 吕开宇，张崇尚，邢鹏. 农业指数保险的发展现状与未来 [J]. 江西财经大学学报，2014（2）：62－69.

[181] 罗俊，汪丁丁，叶航，陈叶烽. 走向真实世界的实验经济学——田野实验研究综述 [J]. 经济学（季刊），2015（4）：853－884.

[182] 马改艳，徐学荣. 我国农业指数保险试点存在的问题及对策 [J]. 经济纵横，2015（2）：40－44.

[183] 马光荣，杨恩艳. 社会网络、非正规金融与创业 [J]. 经济研究，2011（3）：83－94.

[184] 马国华，国外农业天气指数保险发展实践及对中国的启示 [J]. 世界农业，2019（6）：67－73＋84＋118－119.

[185] 马九杰，王国达，张剑. 中小金融机构与县域中小企业信贷——从需求端对"小银行优势"的实证分析 [J]. 农业技术经济，2012（4）：

4-13.

[186] 毛慧，周力，应瑞瑶．风险偏好与农户技术采纳行为分析——基于契约农业视角再考察［J］．中国农村经济，2018（4）：74-89.

[187] 牛浩，陈盛伟．农业保险与农村信贷合作产品研究［J］．保险研究，2014（12）：32-40.

[188] 牛浩，陈盛伟．农业气象指数保险产品研究与试验述评［J］．经济问题，2016（9）：22-27.

[189] 潘丹．基于农户偏好的牲畜粪便污染治理政策选择——以生猪养殖为例［J］．中国农村观察，2016（2）：68-83.

[190] 彭建林，徐学荣．我国农业指数保险的探索研究——兼论对美国的经验借鉴［J］．价格理论与实践，2014（7）：92-94.

[191] 全世文，于晓华，曾寅初．我国消费者对奶粉产地偏好研究——基于选择实验和显示偏好数据的对比分析［J］．农业技术经济，2017（1）：52-66.

[192] 全世文．选择实验方法研究进展［J］．经济学动态，2016（1）：127-141.

[193] 任乐，王性玉，赵辉．农户信贷可得性和最优贷款额度的理论分析与实证检验——基于农业保险抵押品替代视角［J］．管理评论，2017（6）：32-42.

[194] 任义方，赵艳霞，高苹，吴洪颜，林磊，徐云，朱海涛．江苏省水稻高温热害气象指数保险区划［J］．江苏农业科学，2018，46（19）：281-285.

[195] 申云．社会资本、二元金融与农户借贷行为［J］．经济评论，2016（1）：80-90.

[196] 石春娜，姚顺波，史恒通，薛彩霞．选择实验法的问卷设计技术及应用——以温江城市生态系统服务价值评估为例［J］．生态经济，2016，32（10）：135-140.

[197] 宋博，穆月英，侯玲玲，赵亮，陈阜，左飞龙．基于 CVM 的我国

农业气象指数保险支付意愿分析——以浙江柑橘种植户为例 [J]. 保险研究, 2014 (2): 54-63.

[198] 宋洪远, 赵海. 新型农业经营主体的概念特征和制度创新 [J]. 改革实践, 2014 (4): 122-139.

[199] 宋金田, 祁春节. 农户农业技术需求影响因素分析——基于契约视角 [J]. 中国农村观察, 2013 (6): 52-59+94.

[200] 苏治, 胡迪, 农户信贷违约都是主动违约吗? ——非对称信息状态下的农户信贷违约机理 [J]. 管理世界, 2014 (9): 77-89.

[201] 孙光林, 李庆海, 李成友. 欠发达地区农户金融知识对信贷违约的影响——以新疆为例 [J]. 中国农村观察, 2017 (4): 87-101.

[202] 孙骥. 农业规模化经营负面效应的消解——以建国后农业改革史为视角 [J]. 东岳论丛, 2019 (5): 147-157.

[203] 孙香玉, 吴冠宇, 张耀启. 传统农业保险与天气指数保险需求: 替代还是互补? ——以新疆棉花农业保险为例 [J]. 南京农业大学学报 (社会科学版), 2016 (5): 116-126+157.

[204] 孙香玉, 钟甫宁. 对农业保险补贴的福利经济学分析 [J]. 农业经济问题, 2008 (2): 4-11.

[205] 孙颖, 林万龙. 市场化进程中社会资本对农户融资的影响——来自 CHIPS 的证据 [J]. 农业技术经济, 2013 (4): 26-34.

[206] 孙永苑, 杜在超, 张林, 何金财, 等. 关系、正规与非正规信贷 [J]. 经济学 (季刊), 2016 (2): 597-655.

[207] 谭英平. 中国农业天气指数保险发展研究——基于印度的国际比较 [J]. 农业展望, 2015 (8): 32-35.

[208] 汤颖梅, 杨月, 刘荣茂, 葛继红. 基于 Oaxaca-Blinder 分解的异质性农户天气指数保险需求差异分析 [J]. 经济问题, 2018 (8): 90-97.

[209] 陶群山, 胡浩, 王其巨. 环境约束条件下农户对农业新技术采纳意愿的影响因素分析 [J]. 统计与观察, 2013 (1): 106-110.

[210] 田玲, 姚鹏, 王含冰. 政府行为、风险感知与巨灾保险需求的关

联性研究 [J] . 中国软科学, 2015 (9): 70-81.

[211] 童馨乐, 褚保金, 杨向阳. 社会资本对农户借贷行为影响的实证研究——基于八省 1003 个农户的调查数据 [J] . 金融研究, 2011 (12): 177-191.

[212] 庹国柱, 朱俊生. 论收入保险对完善农产品价格形成机制改革的重要性 [J] . 保险研究, 2016 (6): 3-11.

[213] 庹国柱, 朱俊生. 农业保险巨灾风险分散制度的比较与选择 [J] . 保险研究, 2010 (9): 47-53.

[214] 庹国柱. 我国农业保险的发展成就、障碍与前景 [J] . 保险研究, 2012, 11 (12): 21-29.

[215] 汪丽萍. 天气指数保险及创新产品的比较研究 [J] . 保险研究, 2016 (10): 81-88.

[216] 王高华. 日本韩国农业补贴政策及效果 [J] . 世界农业, 2012 (10): 61-64.

[217] 王洪波. 我国不同经营主体农业保险需求差异性研究——基于新型经营主体与传统农户视角的分析 [J] . 价格理论与实践, 2016 (6): 133-136.

[218] 王克. 加拿大农业支持政策和农业保险: 发展和启示 [J] . 世界农业, 2019 (3): 56-62+116.

[219] 王韧, 邓超, 谭留芳. 基于湖南省 14 地市面板数据的水稻气象指数保险设计 [J] . 求索, 2015 (1): 69-73.

[220] 王士海, 李先德. 经营规模大的农户更倾向于传播新技术吗 [J] . 农业技术经济, 2017 (4): 76-82.

[221] 王勇, 张伟, 罗向明. 基于农业保险保单抵押的家庭农场融资机制创新研究 [J] . 保险研究, 2016 (2): 107-119.

[222] 王月琴, 赵思健, 聂谦. 山西沁县谷子综合天气指数保险研究 [J] . 保险研究, 2019 (4): 15-26.

[223] 魏华林, 吴韧强. 天气指数保险与农业保险可持续发展 [J] . 财

贸经济，2010（3）：5 – 12.

［224］魏建国，朱春，万幼清．基于集体违约风险的农户联保抵押贷款模式研究［J］．华中农业大学学报，2014（4）：36 – 42.

［225］文长存，吴敬学．农户"两型农业"技术采用行为的影响因素分析——基于辽宁省玉米水稻种植户的调查数据［J］．中国农业大学学报，2016，21（9）：179 – 187.

［226］吴本健，单希，马九杰．信贷保险、金融机构信贷供给与农户借贷决策——来自 F 县草莓种植"信贷 + 保险"的证据［J］．保险研究，2013（8）：45 – 53.

［227］吴林海，王淑娴，Wuyang Hu．消费者对可追溯食品属性的偏好和支付意愿：猪肉的案例［J］．中国农村经济，2014（8）：58 – 75.

［228］吴望春，李春华．"一带一路"倡议对沿线省份保费收入增长的影响效果评估——基于双重差分的实证分析［J］．中央财经大学学报，2018（10）：24 – 32.

［229］吴祖光，万迪昉，罗进辉．风险态度、合作行为与联保贷款契约：一个实验的研究［J］．金融研究，2012（4）：169 – 182.

［230］武翔宇，兰庆高．促进我国气象指数保险发展的若干建议［J］．农业经济，2012（3）：94 – 95.

［231］武翔宇，兰庆高．气象指数保险在农业巨灾风险管理中的应用［J］．南方金融，2011（7）：66 – 68.

［232］谢玉梅，高娇．"银保互动"对我国农户收入波动影响效应研究［J］．中山大学学报（社会科学版），2014（1）：158 – 164.

［233］谢玉梅．系统风险、指数保险与发展中国家实践［J］．财经论丛，2012（2）：70 – 76.

［234］徐承明，张建军．社会资本、异质性风险偏好影响农户信贷与保险互联选择研究［J］．财贸经济，2012（12）：63 – 70.

［235］徐富海．印度天气指数保险"减损保民"［N］．中国经济导报，2013 – 04 – 20（B07）.

［236］徐丽鹤，袁燕．财富分层、社会资本与农户民间借贷的可得性［J］．金融研究，2017（2）：131－146．

［237］徐涛，赵敏娟，李二辉，乔丹，陆迁．规模化经营与农户"两型技术"持续采纳——以民勤县滴灌技术为例［J］．干旱区资源与环境，2018（2）：37－43．

［238］徐志刚，张骏逸，吕开宇．经营规模、地权期限与跨期农业技术采用——以秸秆直接还田为例［J］．中国农村经济，2018（3）：61－74．

［239］杨汝岱，陈斌开，朱诗娥．基于社会网络视角的农户民间借贷需求行为研究［J］．经济研究，2011（11）：116－129．

［240］杨太明，孙喜波，刘布春，旬尚培．安徽省水稻高温热害保险天气指数模型设计［J］．中国农业气象，2015，36（2）：220－226．

［241］姚宇．世界著名实验经济学实验室介绍［J］．经济学动态，2014（11）：107－114．

［242］叶明华，卫玥．农业保险与农村信贷：互动模式与绩效评价［J］．经济体制改革，2015（6）：92－97．

［243］叶明华，朱俊生．新型农业经营主体与传统小农户农业保险偏好异质性研究——基于9个粮食主产省份的田野调查［J］．经济问题，2018（2）：91－97．

［244］尹成杰．关于推进农业保险创新发展的理性思考［J］．农业经济问题（月刊），2015（6）：4－8．

［245］尹世久，徐迎军，徐玲玲，李清光．食品安全认证如何影响消费者偏好？——基于山东省821个样本的选择实验［J］．中国农村经济，2015（11）：40－53．

［246］尹志超，谢海芳，魏昭．涉农贷款、货币政策和违约风险［J］．中国农村经济，2014（3）：14－26．

［247］俞振宁，谭永忠，茅铭芝，吴次芳，赵越．重金属污染耕地治理式休耕补偿政策：农户选择实验及影响因素分析［J］．中国农村经济，2018（2）：109－125．

［248］张董敏，齐振宏，李欣蕊，唐素云，邬兰娅，田云．传统农户与科技示范户两型农业行为差异分析［J］．中国农业大学学报，2014（5）：227－235.

［249］张海鹏，曲婷婷．农地经营权流转与新型农业经营主体发展［J］．南京农业大学学报（社会科学版），2014，14（5）：70－75.

［250］张建军，许承明．农业信贷与保险互联影响农户收入研究——基于苏鄂两省调研数据［J］．财贸研究，2013（5）：55－61.

［251］张建军，张兵．农业信贷与保险互联影响农户风险配给实证研究——基于江苏、湖北两省的调研数据［J］．南京农业大学学报（社会科学版），2012（4）：77－84.

［252］张启文，黄可权．新型农业经营主体金融服务体系创新研究［J］．经济学研究，2015（7）：130－135.

［253］张瑞纲．印度农业保险项目研究［J］．区域金融研究，2014（4）：30－36.

［254］张宪强，潘勇辉．农业气候指数保险的国际实践及对中国的启示［J］．社会科学，2010（1）：58－63＋188－189.

［255］张燕缘，袁斌，陈超．农业经营主体、农业风险与农业保险［J］．江西社会科学，2016（1）：38－43.

［256］张燕媛，展进涛，陈超．专业化、认知度对养殖户生猪价格指数保险需求的影响［J］．中国农村经济，2017（2）：70－83.

［257］张玉环．国外农业天气指数保险探索［J］．中国农村经济，2017（12）：81－92.

［258］张玉环．美国、日本和加拿大农业保险项目比较分析［J］．中国农村经济，2016（11）：82－90.

［259］赵肖柯，周波．种稻大户对农业新技术认知的影响因素分析——基于江西省1077户农户的调查［J］．中国农村观察，2012（4）：29－36.

［260］赵岩青，何广文．农户联保贷款有效性分析［J］．金融研究，2007（7）：61－77.

［261］郑军，韩雨梦．日本农业巨灾风险保障体系研究［J］．沈阳农业大学学报（社会科学版），2017（3）：269－275.

［262］郑旭媛，王芳，应瑞瑶．农户禀赋约束、技术属性与农业技术选择偏向——基于不完全要素市场条件下的农户技术采用分析框架［J］．中国农村经济，2018（3）：105－122.

［263］周波，张旭．农业技术应用中种稻大户风险偏好实证分析——基于江西省1077户农户调查［J］．农林经济管理学报，2014，13（6）：584－594.

［264］周小刚，陈熹．关系强度、融资渠道与农户借贷福利效应——基于信任视角的实证研究［J］．中国农村经济，2017（1）：16－29.

［265］周延礼．我国农业保险的成绩、问题及未来发展［J］．保险研究，2012（5）：3－9.

［266］朱俊生．中国天气指数保险试点的运行及其评估——以安徽省水稻干旱和高温热害指数保险为例［J］．保险研究，2011（3）：19－25.

［267］朱萌，齐振宏，罗丽娜，唐素云，邬兰娅，李欣蕊．基于 Probit － ISM 模型的稻农农业技术采用的影响因素分析——以湖北省320户稻农为例［J］．数理统计与管理，2016（1）：11－23.

［268］邹伟，张晓媛．土地经营规模对化肥使用效率的影响——以江苏省为例［J］．资源科学，2019（7）：1240－1249.